H Pollack

**Die Hexenprozesse in Deutschland**

H Pollack

**Die Hexenprozesse in Deutschland**

ISBN/EAN: 9783742852083

Hergestellt in Europa, USA, Kanada, Australien, Japan

Cover: Foto ©ninafisch / pixelio.de

Manufactured and distributed by brebook publishing software (www.brebook.com)

H Pollack

**Die Hexenprozesse in Deutschland**

# Mittheilungen

über den

# Hexenprozeß in Deutschland,

insbesondere über verschiedene

## Westphälische Hexenprozeßakten.

Von

**Dr. H. Pollack,**
Landrichter in Cöslin.

Berlin 1886.
Franz Siemenroth.
Wilhelmstraße 25.

# Mittheilungen

über den

# Hexenprozeß in Deutschland,

insbesondere über verschiedene

## Westphälische Hexenprozeßakten.

Von

### Dr. H. Pollack,
Landrichter in Cöslin.

Berlin 1886.
Franz Siemenroth.
Wilhelmstraße 25.

# Vorwort.

Der Verfasser, welchem zahlreiche Hexenprozeßakten aus dem Gebiete des früheren Kurfürstenthums Cöln, speziell aus Westphälischem Gebiete zur Aufsuchung etwaiger Spuren der Vehmgerichte von der Behörde, in deren Besitz sich diese Akten befinden, überlassen worden waren, hat seine spärlichen Mußestunden zu dem Studium dieser Originalakten verwendet und ist hierdurch zum speziellen Studium des Hexenwesens und der Hexenprozesse gedrängt worden. Im Laufe der Jahre 1876 bis 1881 sind so unter langwierigen Arbeitspausen allmählich die vorliegenden Blätter entstanden; dieselben können und wollen nicht den Anspruch erheben, den Ergebnissen der neuesten wissenschaftlichen Forschungen über das gedachte Thema Wesentliches hinzuzufügen oder sie in irgend welcher Richtung umzustoßen; ihr Interesse gipfelt vielmehr lediglich in dem im zweiten Abschnitt mitgetheilten Aktenmateriale, zu dessen Verständniß eine kurze und übersichtliche Zusammenstellung über die Entstehung und das Wesen des Hexenprozesses sowie über den Kampf gegen denselben geboten erschien. Wenn diese von dem Verfasser ursprünglich nur für sich selbst schriftlich niedergelegten Mittheilungen im Stande sind, dem Laien ein klares und richtiges Bild von dem Hexenwesen, von der Entwickelung und dem Gang der Hexenprozesse, sowie von ihrem allmählichen Verschwinden zu verschaffen und andererseits der Wissenschaft neues Detailmaterial zur Unterstützung ihrer bisherigen Forschungen zu bieten, ist der Zweck dieser Veröffentlichung völlig erreicht.

Cöslin, im August 1883.

H. Pollack.

## I.

## Einleitende Bemerkungen über die Entwickelung des Hexen-Prozesses und das Prozeßverfahren.

Es waren sicherlich gewaltige Fortschritte, welche sich in der Menschheit nach langem Schlummer wie plötzlich im fünfzehnten Jahrhundert vollzogen und das sogenannte Zeitalter der Humanität eingeleitet haben. Und dennoch gewinnt gerade um dieselbe Zeit ein furchtbares Ungeheuer, der Hexenglaube, feste Gestalt in Form der Hexenverfolgungen, um Jahrhunderte lang bis noch in das neunzehnte Jahrhundert hinein seinen Verheerungszug durch ganz Europa und selbst über den Ocean zu halten. Dieser Glaube, den wir schon jetzt verächtlich belächeln, nachdem die letzten im Namen Gottes und der Gerechtigkeit in Deutschland entzündeten Hexenbrände seit noch nicht drei Menschenaltern verlöscht sind, hat Jahrhunderte hindurch die Ehre, das Leben von Tausenden bedroht, die Redlichsten und Besten zittern gemacht.

Das Eigenthümliche dieses Hexenglaubens, wie er auf Grund des uralten Zauberglaubens der Menschheit etwa seit dem dreizehnten Jahrhundert allmählich durch die kirchlichen Schriften und Lehren sich in der allgemeinen Meinung verbreitet, besteht in dem **Pakt mit dem Teufel** und in der **Vermischung mit demselben**. Wie nahe die Zauberei bei dieser Auffassung derselben als eines **Bundes mit dem Teufel** der Ketzerei stand, ergiebt sich aus der Stellung des Satans gegenüber dem rechten Glauben der gesammten katholischen Christenheit von selbst. Nach dieser damals entwickelten Kirchenlehre von der Zauberei sollte, wie der Dominikaner Jaquier im fünfzehnten Jahrhundert in seinem Flagellum haereticorum fascinariorum berichtet, in „neueren Zeiten" eine an Verruchtheit alle bisherigen Ketzer weit überbietende Secte entstanden sein, bei welcher Alles aus bösem Willen, nichts aus Irrthum hervorgehe; sie versammeln sich an bestimmten Tagen zu einem Teufelscultus (synagoga diabolica), bei welchem man den Teufel in Bocksgestalt anbete und geschlechtliche Unzucht mit ihm treibe. Das Hauptbestreben dieser Secte sei, im Dienste des Teufels den katholischen Glauben anzufeinden, weil dieser allein selig mache. Darum werde auch von den in diesen Bund eintretenden Juden oder Muhamedanern die Verleugnung ihres väterlichen Glaubens nicht gefordert, während der aufzunehmende Christ, wie er einst bei seiner Taufe dem Teufel entsagt habe, nun Gott und seinem Dienste entsagen, das Kreuz anspeien und treten, das Abendmahl und Weihwasser lästern, dem Teufel durch Kniebeugen und Kuß Ehre erweisen und ihn als Herrn anerkennen müsse. Die Mitglieder dieser dem Teufelscultus

ergebenen Secte, welchen ein unvertilgbares Zeichen (stigma diabolicum) auf den Körper aufgedrückt werde, sollten, wie Jaquier ferner berichtet, in ihren Teufels=
synagogen vom Satan allerlei Zaubermittel empfangen und sich verpflichten, durch
dieselben ihren Mitmenschen in jeder Weise zu schaden, indem sie Krankheiten, Wahn=
sinn, Sterben unter Menschen und Thieren, männliches Unvermögen und weibliche
Unfruchtbarkeit, Verderben der Saaten und anderer zeitlicher Güter veranlassen. Bei
dieser Verquickung der Ketzerei und Zauberei kann es nicht Wunder nehmen, daß
die gegen die römische Kirche damals so unerhört feindliche abendländische Ketzerei
durch besondere Gegenmaßregeln der von den römischen Päpsten eingesetzten Inqui=
sition bedacht wurde, in welchen die Zauberei als Ausfluß der Ketzerei darge=
stellt wurde.

Dem Aufschwung der Hexenverfolgungen scheint eine gewisse gesunde skeptische
Richtung unseres Volkes zu einer Zeit, in welcher in Frankreich schon die furchtbarsten
Greuelscenen gewüthet hatten, noch immer sehr hinderlich gewesen zu sein, obgleich schon
der Sachsenspiegel „Zauberei und Vergiftung" mit dem Feuertode bedrohte. Noch
am Ende des fünfzehnten Jahrhunderts begegneten die beiden für Deutschland bestellten
Ketzerrichter Heinrich Institor und Jacob Sprenger nicht selten offenem Un=
glauben in Betreff der Existenz der von ihnen verfolgten Zauberei und insbesondere
in Betreff der in ihren Hexenprozessen angeblich aufgedeckten Hexenfahrten. Auf ihre
Veranlassung gab der damalige Papst Innocenz VIII., der Verfolger der Hus=
siten wie der Waldenser, diesen Prozessen durch eine Bulle vom Jahre 1484 Nach=
druck. Wenn diese Bulle auch in keiner Weise den längst schon praktisch geübten
Hexenprozeß geschaffen hat, so enthält sie doch eine päpstliche Sanction desselben
und sie war es, welche der Verbreitung des furchtbaren Unwesens über Deutschland
und ganz Europa wesentlich Vorschub leistete. Im Anschluß an diese Bulle ent=
wickelten die genannten beiden Inquisitoren Deutschlands in dem berüchtigt gewor=
denen, größtentheils von Sprenger verfaßten Malleus maleficarum (Hexenhammer)
wissenschaftlich die ganze Lehre von der Zauberei und insbesondere von dem Teufels=
bunde. Kein Wunder, daß nun auch der Widerstand gegen diesen Glauben bald
gebrochen war und wenigstens nicht mehr laut werden konnte. Denn schon im
ersten Theile dieses Werkes, in welchem die Existenz des Zauberwesens aus der heiligen
Schrift und dem kanonischen Recht bewiesen wird, steht auch der Satz, daß das
Leugnen dieser Existenz ärgste Ketzerei sei: haeresis est maxima, opera
maleficarum non credere; man machte sich von nun an also selbst der Ketzerei und
der Hexerei verdächtig, wenn man an Zauberei zu zweifeln wagte. Es war fortan
ein verdienstliches Werk, die Hexen aufzusuchen und mit Feuer und Schwert zu ver=
folgen, — und für die Gerichtsherren, wie diese bald einsahen, außerdem ein recht
einträgliches Werk, da nach dem kanonischen Recht die Ketzerei und Zauberei Ver=
mögensconfiscation nach sich zogen, und auch unter der Herrschaft der peinlichen Ge=
richtsordnung Karls V. (Carolina) in der Praxis das Vermögen der wegen Zauberei
Verurtheilten sei es im Wege der Confiscation, sei es in der Form der Sportel=
erhebung gründlich ausgebeutet wurde, überdies die Hexenprozesse sich von geschickten
Richtern ins Unendliche vermehren ließen.

In dieser Beziehung muß man sich erinnern, daß im Laufe des Mittelalters
eine Umgestaltung des Beweisverfahrens sich vollzogen hatte. Während früher der
Angeklagte sich meist durch seinen und seiner Eideshelfer Eid losschwören konnte
oder höchstens sich einem Gottesurtheil zu unterwerfen hatte, sollte nun der Beweis

nur durch ordentliche Zeugen oder durch Geständniß geführt werden. Wo, wie bei dem Verbrechen der Zauberei, die Untersuchung es lediglich mit unwirklichen, nur in dem Glauben des Volkes vorhandenen Dingen, nicht also mit einem äußerlich wahrnehmbaren und deshalb erweislichen objectiven Thatbestande zu thun hatte, beruhte daher das ganze Verfahren im Wesentlichen auf der Erzielung eines Geständnisses.

Nun war es freilich Grundsatz des Strafverfahrens, daß ein Geständniß nur dann wahr und glaubhaft sei, wenn es Thatsachen enthalte, welche nicht leicht ein Unschuldiger wissen konnte, und wenn die gestandenen Umstände an sich wahrscheinlich und durch sonstige Nachforschungen als wahr ermittelt seien. Indeß über die aus der Unmöglichkeit eines solchen Nachweises bei dem Geständniß der Zauberei etwa erwachsenden Bedenken half mit Leichtigkeit der festwurzelnde Hexenglaube hinweg, durch welchen der fehlende Kausalzusammenhang zwischen den objectiv durch Zeugen ermittelten Thatsachen und der von dem Angeklagten eingestandenen Zauberei ohne Weiteres ergänzt wurde: war einem Bauern Vieh gefallen, die Ernte verhagelt oder ein Kind krank geworden und hatte der mit dem Beschädigten zufällig einmal in Berührung gekommene Angeschuldigte gestanden, daß er vermöge seiner Teufelskunst dies zu Wege gebracht habe, so galt der Kausalzusammenhang zwischen dieser Zauberkunst und jenen Beschädigungen für zweifellos. In Betreff der ferneren, dem bestehenden Hexenglauben getreulich angepaßten Geständnisse über die Art, wie der Bund mit dem Teufel eingegangen worden, über die Vermischung mit ihm, über die Zusammenkünfte der Hexen und die dabei vorgenommenen Proceduren war man natürlich, da hierfür Zeugen nicht vorhanden sein konnten, auf das Geständniß allein angewiesen.

Als Mittel zur Herbeiführung eines Geständnisses wurde nach dem Vorgange der canonischen Inquisitionsgerichte von der deutschen Wissenschaft und Praxis zur Folter gegriffen, deren Anwendung durch die Carolina ausdrücklich sanctionirt wurde. Zur Folter durfte freilich erst geschritten werden, wenn die Uebelthat „wissentlich" war und „etliche Vermutungen und Indicia oder halb beweisunge" wider den Gefangenen vorlagen; die Anwendung der Tortur mußte ferner durch ein besonderes Urtheil angeordnet werden, und nach der Praxis ging der wirklichen Peinigung durch den Scharfrichter erst eine Verbalterrition (mittels Androhung der Tortur unter Vorzeigung der Marterwerkzeuge) und eine Realterrition (durch wirkliche Anlegung der Folterwerkzeuge ohne Peinigung) voraus; endlich sollte der Angeschuldigte freigesprochen werden, wenn er die einmal, — wie die Praxis annahm, eine Stunde lang — angewendete Folter, ohne zu bekennen, überstand, und nicht nachher neue die Folterung selbstständig rechtfertigende Verdachtsmomente hervortraten. Ueber alle diese Cautelen, welche in weisem Verständniß für die Gefährlichkeit der Folter als eines Mittels, Geständnisse zu erzwingen, in die Carolina im Wesentlichen aufgenommen waren, setzte man sich in der Praxis und Wissenschaft bei der Zauberei hinweg, indem man diese als ein „Ausnahmeverbrechen" (delictum exceptum) hinstellte, bei welchem der Richter, um die Bestrafung dieses, wie man sagte, „schwersten, im Verborgenen schleichenden Verbrechens" herbeizuführen, an das gesetzliche Prozeßverfahren und an die gesetzlichen Beweisvorschriften nicht gebunden sei, vielmehr die ihm hierdurch sonst gezogenen Schranken nach Bedürfniß übertreten dürfe.

Hiervon machte man einen ausgiebigen Gebrauch. Der Hexerei gegenüber galten schon die nichtigsten und gleichgiltigsten Umstände als Verdachtsgründe und Indicien, auf Grund deren die Folterung angeordnet wurde. Eines der häufigsten Indicien war: im Geruche der Hexerei stehen. Was dies in damaliger Zeit bei dem verbreiteten Hexenglauben bedeutete, ist begreiflich: ein altes Weib brauchte nur mürrisch auszusehen, triefäugig zu sein, Anderen nicht offen in die Augen sehen zu können, so galt es als Hexe. Es brauchten nur mehrere, sei es aus Bosheit, sei es aus Ueberzeugung, einer Person nachzusagen, sie sei eine Hexe, so galt sie auch alsbald als solche. Stammte sie nun gar von verbrannten Hexen oder von der Zauberei Verdächtigen ab, oder hatte sie sonst verwandtschaftliche oder freundschaftliche Beziehungen zu solchen, zeigte etwa ihr Körper Male oder Wunden, deren Ursache man nicht kannte, war sie heimathlos, führte sie ein ungeregeltes Leben, schlief sie lange in den Tag hinein, war sie Mitternachts nicht zu Hause, hatte sie schnell Reichthümer oder ungewöhnliche Kenntnisse erworben, hatte sie einem Anderen, bevor ihn ein Unglück traf, ein solches angedroht oder war sie auch nur vorher bei ihm gewesen, hatte sie beim Abendmahl die Hostie aus dem Munde zu nehmen versucht (um, wie man annahm, sie dem Teufel zur Bereitung von Zaubermitteln auszuliefern) —, so war sie unrettbar der Folter und damit, von wenigen Ausnahmen abgesehen, dem Tode verfallen. Zu den eben angedeuteten Verdachtsgründen kamen noch die entgegengesetztesten Dinge, aus welchen man Indicien herleitete: half Jemand durch Kräuter, Salben oder dergleichen einem Kranken, so folgerte man, daß er vorher selbst durch Zauberei die Krankheit hervorgerufen habe und nur um sich nicht verdächtig zu machen, den Schaden wieder beseitige, während selbstverständlich die Zauberei andererseits auch feststand, wenn der zu der vermeintlichen Hexe in irgend einer Beziehung stehende Kranke nicht genas. So wurde z. B. eine Hexe verbrannt, welche der eigenen kranken Schwiegertochter mit Lorbeeren aufgeholfen hatte, und ebenso eine andere, von welcher ein nachher krank gewordener Bauer Kuchen erhalten hatte, desgleichen eine dritte, welche einem bann von einem Knieschaden befallenen Bauer einen Sack, um seine Hosen zu futtern, gegeben hatte. Wer die Kirche nicht besuchte, machte sich des Teufelsbundes verdächtig, während der fleißige Kirchenbesucher die Absicht verrieth, hierdurch nur jenen Verdacht von sich abzuwälzen. Entfernte sich Jemand auf die gegen ihn ergangene Denunciation aus dem Orte, so galt dies als Flucht und begründete schlimmen Verdacht, ebenso wenn er bei seiner Verhaftung sich furchtsam zeigte; nicht minder galt es aber als ein Ausfluß der Macht des Teufels, wenn der Verdächtige unbekümmert und ruhig blieb und sich gelassen in die Gefangennehmung fügte. Bedenkt man nun, daß der wandernde geistliche Inquisitor durch öffentlichen Anschlag an den Kirchen und Rathhäusern unter Androhung von Kirchenbann und weltlichen Strafen aufforderte, alle Personen, von welchen man etwas auf Zauberei Hindeutendes wisse, oder welche in üblem Rufe stehen, anzuzeigen, daß ferner hierbei der Denunciant mit geistlichem Segen und Geld belohnt und ihm Verschweigung seines Namens zugesichert wurde, daß sich an manchen Orten sogar Kasten mit Deckelöffnungen, nach Art unserer Briefkasten, für anonyme Denunciationen befanden, daß auch die weltlichen Richter, wenn sie irgendwie auf Verfolgung der Zauberei auszugehen Grund zu haben glaubten, bei Obrigkeiten und Vertrauenspersonen sich nach Verdächtigen erkundigten oder ihre Kundschafter in die Gemeinden sendeten, so ergiebt sich schon hieraus, daß Jeder der Bosheit, Habsucht oder dem Wahnglauben seiner Nebenmenschen rettungslos preisgegeben war, — um so mehr, als im Hexenprozeß selbst solche Personen, welche sonst als verdächtige oder unfähige Zeugen galten (Excommunicirte, Verbrecher, Ehrlose, Angehörige, Gesinde) unbedenklich zum Zeugniß gegen den Angeschuldigten zugelassen wurden.

Das gewichtigste und gefährlichste Indicium, welches durch jeden Hexenprozeß eine Unzahl neuer Opfer dem Irrthum und der Habsucht der Richter überlieferte, bestand in der Benennung der Hexengenossen, also in der Verwerthung Mitschuldiger als Zeugen gegen ihre angeblichen Genossen. Der zur Folter Verurtheilte durfte sich meist nicht damit begnügen, in Betreff seiner Person das verlangte Geständniß abzulegen, sondern er sollte auch angeben, von wem er das Hexen gelernt, wem er es dann wieder gelehrt und vor Allem, wen er auf dem Hexentanzplatze bei den verschiedenen Zusammenkünften angetroffen habe. Giebt er an, daß er die Anderen nicht erkannt habe, oder nennt er Verstorbene, so wird weiter gefragt und eventuell gefoltert, bis die Schmerzen oder Bosheit gegen Andere oder oft auch verfängliche Fragen, in denen der Richter selbst ihm die gewünschten Namen vorsagt, ihn bewegen, eine Reihe anderer Hexen zu benennen: so wurde jeder Hexenprozeß eine ergiebige Fundgrube für neue Prozesse; denn die benannten Hexengenossen, „auf welche die früher verbrannten Hexen gestorben waren", wurden sofort festgenommen und auf Grund jenes Indiciums zur Folter verurtheilt.

War erst Jemand wegen Zauberei festgenommen, so sorgte auch das weitere Ausnahmeverfahren dafür, daß ein Entrinnen fast zur Unmöglichkeit wurde. Obschon das Gefängniß nach der Carolina zur Verwahrung nicht zur Peinigung der Gefangenen hergerichtet sein sollte, so zeigte man in dieser Beziehung damals überhaupt die gewissenloseste Nachlässigkeit und richtete für Hexen mitunter noch besondere, in erfinderischester Weise mit den grausamsten Qualmitteln ausgestattete „Verwahrungs"-Gefängnisse ein; enge, mit einer Thür versehene, dunkle Löcher, in denen ein Mensch sich nicht wenden konnte, unterirdische, bis dreißig Klaftern tiefe Gruben oder Brunnen, in welche die Gefangenen mit Stricken heruntergelassen wurden und in welche durch enge Oeffnungen kaum ein Lichtstrahl hineindringen konnte, wurden als solche Gefängnisse benutzt.

Meist war von Heizung und Reinigung derselben keine Rede, so daß den Gefangenen oft die Glieder abfroren, oder sie in ihren Excrementen und dem Luftmangel hinsiechten. Besondere Vorrichtungen sorgten noch dafür, daß die Gefangenen in einer bestimmten Lage dauernd verharren mußten, indem ihre Extremitäten in den „Stock" gespannt oder der ganze Körper an ein Kreuz gebunden oder die Hände gefesselt und und die Füße gleichzeitig mit schweren, unbeweglichen Eisengewichten beschwert waren, so daß die Gefangenen häufig sich allem Ungeziefer, Ratten und Mäusen preisgegeben sahen. Endlich wurden sie nach dem Berichte eines Augenzeugen (Praetorius), welcher die vorstehende Beschreibung gegeben hat, schlecht gespeist und, wenn nicht ein geschickter und fleißiger Richter schneller mit dem Gefangenen zu dem erwünschten Ziele kam, oft Monate, ja Jahre hindurch in solchem Gefängniß als Untersuchungsgefangene festgehalten.

Für die vom fiskalischen Anwalt, als amtlichem Ankläger, zu entwerfenden Fragen (die Anklage) dienten einerseits gewisse ein für alle Male feststehende, in der Praxis herausgebildete Formulare, andrerseits die üblichen Zeugenvernehmungen, welche der Vernehmung des Angeschuldigten vorhergingen und durch welche die einzelnen speciell verdächtigenden Umstände (Indicien) herbeigeschafft wurden: alle oben skizzirten Indicien bildeten Gegenstand dieser Zeugnisse. Legte nun bei der hierauf folgenden Vernehmung der Angeschuldigte nicht freiwillig ein Geständniß ab, so schritt man zur Folter.

„Freiwillig" blieb aber noch das Geständniß, welches abgelegt war, nachdem man den unglücklichen Schlachtopfern durch Kerkerqualen, Androhung der Folter, Vorzeigung der Folterwerkzeuge, sonstige Drohungen oder auch durch falsche Versprechungen auf alle erdenkliche Weise zugesetzt hatte: die Verhandlung vermerkt in solchen Fällen ganz kurz, daß der Inquisit „in Güte bekennt" habe. War indeß der Angeschuldigte standhaft genug, die verlangte Unwahrheit nicht auszusagen, obschon er aus vielen Fällen vorherwußte, was ihm bevorstand, und daß das Ende aller Qualen, wenn nicht der Tod als Hexe durch Feuer oder Schwert, so doch ein elender siecher Körper sein müsse, so wurde er nun dem Scharfrichter zur Folterung übergeben, inzwischen aber dem Elend des Kerkers wieder überlassen.

Ehe der Scharfrichter zur Tortur schritt, wurden die Hexen einer schamlosen Procedur unterworfen, indem man ihnen an allen Körpertheilen die Haare abrasirte, um das Bundeszeichen, stigma diabolicum, und etwa vom Teufel mitgegebene, heimlich verwahrte Mittel, welche gegen die Folterqualen unempfindlich machen und so dazu dienen sollten, die Folter in Schweigsamkeit zu überstehen, (Amulette,) zu entdecken. Zur Aufsuchung des Hexenzeichens, welches sich durch Gefühllosigkeit und Blutleere der betreffenden Körperstelle kundgeben sollte, diente das Stechen mit einer Nadel in den entblößten Körper. Kam es nun zur Folterung, so dienten die verschiedensten raffinirtesten Mittel, deren Aufzählung hier erspart wird, dazu, dem Inquisiten durch immer erfindungsreichere Grausamkeit ein Geständniß abzuzwingen. Gewöhnlich genügten schon das „Aufziehen an der Korde" oder die demnächst angewendeten „Beinschrauben" oder „Daumschrauben" zur Herbeiführung von Geständnissen, und diese Torturmittel galten für so leicht, daß sie, wie feststeht, öfters gar nicht im Protokoll erwähnt, vielmehr die nach Anwendung derselben abgegebenen Geständnisse als „freiwillig" oder „in Güte" abgelegt verzeichnet wurden: dabei wurde das „Aufziehen und Ausspannen an der Korde" mitunter so weit getrieben, daß man „die Sonne durch den Leib durchscheinen" sah; bei den Daumschrauben wurden dabei die Daumen mit Schrauben so zusammengepreßt und bei den Beinschrauben (spanische Stiefel) Schienbein und Waden in Schraubstöcken so platt gedrückt, daß oft genug das Fleisch abgequetscht wurde und die Knochen zersplitterten.

Von diesen Foltermitteln machte man den Hexen gegenüber den ausgedehntesten Gebrauch. Schon im „Hexenhammer" empfehlen die Verfasser, die Folter nach verschiedenen Graden und an verschiedenen Tagen anzuwenden: dies solle man nur nicht eine Wiederholung, welche ja ohne neue Indicien verboten war, sondern eine Fortsetzung der ersten, nur unterbrochenen Tortur nennen. Bald setzte man sich den Hexen gegenüber allgemein über das erwähnte Verbot hinweg und dehnte nicht nur die einzelne Folterung viele Stunden lang aus, sondern wiederholte sie, wenn kein Geständniß erfolgte oder das auf der Folter abgelegte Geständniß später widerrufen wurde, beliebige Male. Galt ja doch, um alle Gewissensscrupel gegen diese Willkür zu beseitigen, der Umstand, daß der Angeschuldigte die Folterung überstanden, keine Thränen vergossen, sich dabei wie ein Wurm (vor Schmerzen!) gekrümmt oder sonst „wunderlich" benommen hatte, als hinreichendes neues Indicium zur Wiederholung der Tortur.

Der Grad der anzuwendenden Folter wurde vom Gericht nur sehr unbestimmt angegeben, so daß der die Folterung leitende Untersuchungsrichter ziemlich frei schalten konnte; und den Hexen gegenüber erlaubte man sich die Ueberschreitung auch des sonst härtesten Foltergrades, weil die Hexen sich durch allerlei Teufelsmittel zu stählen wüßten und dieser Beistand des Teufels zu überwinden sei.

Auch in Betreff der Vertheidigungsmittel der Angeschuldigten dispensirte man sich von dem regelmäßigen Verfahren. Schon im Hexenhammer war angeordnet, daß dem Angeschuldigten die Namen der Belastungszeugen nicht genannt werden sollen: nach canonischem Rechte stand nämlich den der Ketzerei oder Zauberei Angeschuldigten gegen die Belastungszeugen nur die Einrede der Todfeindschaft zu, deren Vorbringung die Verfasser des Hexenhammers natürlich durch jene Vorschrift unmöglich machten. Um indeß die Form zu wahren, schrieben sie vor, daß der Inquisit gleich am Beginne des Verhörs gefragt werden solle, ob er Todfeinde habe, und wer sie seien. Die Annahme eines Vertheidigers nach freier Wahl gestattete der Hexenhammer nicht; jedoch konnte ein geeigneter, zuverlässiger d. h. glaubenssicherer Beistand vom Richter bestellt werden. Auch mußte der Vertheidiger, dessen Wahl viele Gerichte den Angeschuldigten überließen, jedenfalls in der Art der Vertheidigung sehr vorsichtig sein, um sich nicht durch Begünstigung der Hexen oder durch Leugnen der Hexerei selbst verdächtig zu machen. Oft wurden auch die Mittel zur Vertheidigung sehr verschränkt, indem man dem Vertheidiger keine Abschriften aus den Akten ertheilte, die letzteren vielmehr nur zur sofortigen Information und Vertheidigung vorlegte. Und schließlich, was sollte und konnte alle Vertheidigung helfen, so lange die Theorie und Praxis des Strafrechts im Punkte der Zauberei unangetastet blieb, und demgemäß nach wie vor die Beschuldigten mittels des gedachten Verfahrens zu einem „freiwilligen und gütlichen" Geständniß gebracht wurden!

Die damalige gerichtliche Procedur hatte in ihrem Arsenal auch noch ein anderes, vom moralischen Standpunkte noch weit verwerflicheres Mittel zur Erzielung eines Geständnisses: falsche Versprechungen des Richters, welche schon in den gegen die sogenannte Waldenserie wegen angeblichen Teufelsbündnisses in Frankreich von den geistlichen Inquisitoren geführten Prozessen eine große Rolle spielten. Bei dem Verhöre eines der Zauberei Beschuldigten waren eben alle nur erdenklichen Doppelzüngigkeiten, Mentalreservationen und Ungesetzlichkeiten erlaubt, weil es ein gottgefälliges Werk war, eine Hexe zu überführen und aus der Welt zu schaffen. Der Hexenhammer räth z. B. an, dem Inquisiten zu versprechen, daß er, der Richter, ihn, wenn er gestehe, nicht zum Tode verurtheilen werde: wenn es dann zum Spruche kommt, könne der Richter das Todesurtheil durch einen Anderen fällen lassen; oder der Richter solle, um den Angeschuldigten zum Geständniß zu bringen, ihm „Gnade" versprechen, aber dabei denken, Gnade für sich oder für den Staat; oder er solle versprechen, dem Angeschuldigten zu längerem Leben zu verhelfen, dabei aber an das ewige Leben im Jenseits denken! Auch sollte der Richter versuchen, durch Vertraute, welche zu dem Angeschuldigten in das Gefängniß geschickt wurden, und sich für ebenfalls der Zauberei Angeklagte ausgaben oder sich sonst in das Vertrauen der Inquisiten einschlichen, den Letzteren ein Geständniß abzulocken.

Neben diesen richterlichen Mitteln ging, wie dies bei dem Zusammenhange der Zauberei mit der Ketzerei natürlich war, die Einwirkung der Geistlichen auf ein „freiwilliges" Geständniß erfolgreich einher. Auch der zugezogene Seelsorger drängte zur Ablegung eines gütlichen und reumüthigen Geständnisses, indem er die Inquisiten glauben machte, daß er einen etwaigen Widerruf des bisher nur auf der Folter abgegebenen Geständnisses dem Richter anzeigen müßte, und dann also die Procedur von Neuem beginne, oder indem er erklärte, daß er nur denjenigen zur Beichte zulasse, welcher ihm das auf der Folter bekannte Teufelsbündniß wiederhole.

Fanden sich trotz aller dieser Willkürlichkeiten, Schreckmittel und Fallstricke Einige, welche zu einem Geständniß nicht gebracht werden konnten oder das auf der Folter abgegebene Geständniß später standhaft widerriefen, so mußten sie freilich freigegeben werden; aber die Verdachtsgründe, namentlich gerade das Ueberstehen der Folterung genügten dann meistentheils, um sie wenigstens des Landes zu verweisen:

„weil vermuthlichen," wie es in einem solchen Urtheile heißt, „daß es ihr, der Vettel, vom Teufel muß angethan sein worden, daß durch die Pein und Marter von ihr nichts hat gebracht werden können."

Nicht Wenige starben während der Folterung oder gleich darauf, und auch dies galt dann nur als eine Bekräftigung des Verdachtes: der Teufel mußte sie selbst getödtet haben, weßhalb sie unter dem Galgen vergraben wurden. So meldet ein Urtheil:

„weil aus den Acten so viel zu befinden, daß der Teufel auf der Tortur der ... so hart zugesetzt, daß sie, als sie kaum eine halbe Stund an der Leiter gespannt, mit großem Geschrei Tods verfahren und ihr Haupt gesenket, daß man gesehen, daß sie der Teufel inwendig im Leibe umgebracht, inmaaßen denn auch daraus abzunehmen ist, daß es mit ihr nicht richtig gewesen, weil sie bei der Tortur gar nichts geantwortet: so wird ihr todter Körper unter den Galgen durch den Abdecker billig vergraben."

Unter diesen Umständen erscheint es nur natürlich, daß so viele Unglückliche, wenn sie nicht gar, was wiederholt vorkam, sich im Gefängniß entleibten, sich durch ihr eigenes „freiwilliges und gütliches" Geständniß dem Scheiterhaufen überlieferten. Wenn sie in richtiger Würdigung ihrer Lage, in welcher baldiger Tod noch ein Trost sein mußte, ohne Folterung ein Geständniß ablegten, bußfertig und reumüthig „dem Teufel absagen und Gott wieder zuschwören," so blühte ihnen noch wenigstens die Gnade, nicht durch Feuer, sondern durch das Schwert oder den Strang gerichtet zu werden, was immerhin eine erhebliche Verringerung der Todesqualen verhieß.

Man glaube aber nicht, daß, wie früher vielfach zur Selbstbeschönigung und Entschuldigung jener furchtbaren Greuel behauptet wurde, jene Geständnisse von den Geständigen selbst für wahr gehalten worden sind, diese also ihrem eigenen Wahne zum Opfer gefallen und im Bewußtsein ihrer Schuld gestorben sind. So wenig bestritten werden kann, daß diese Voraussetzung bei Einigen, welche im Glauben an die Existenz von Hexen zu Wahnvorstellungen über ihre eigene Person gelangt waren und in diesem Wahnwitz alle von sich selbst bekannten Tollheiten für wahr hielten, wohl zutreffen mag, so ergiebt sich doch, wenn man nur eine größere Zahl Akten über jene Prozesse unbefangen liest, die furchtbar traurige Gewißheit, daß die meisten dieser unglücklichen Hexen im Bewußtsein ihrer Unschuld und mit bewußten, wohlbedachten Lügen den Scheiterhaufen oder das Schaffot betreten haben und in den Tod gegangen sind, nur weil das freie Bekenntniß, daß sie Unwahres gestanden, sie von Neuem der Procedur, durch welche ihnen dieselben Unwahrheiten ausgepreßt worden wären, also einer unerträglichen Schraube ohne Ende ausgesetzt haben würde.

Was sie gestanden, war im Wesentlichen überall dasselbe. Jeder, auch wenn er selbst an Zauberei nicht glaubte, — was ja selbstverständlich damals ein nur von Wenigen erreichter Grad von Aufklärung war, — mußte doch, was im Glauben der Kirche und im allgemeinen Glauben des Volkes vom Höchsten bis zum Niedrigsten der herrschende Wahn über Hexen' war. Zahlreiche von der Kirche verbreitete Schriften unterrichteten das Volk über das Treiben der Hexen und über die Geschichte einzelner hingerichteter Hexen. In einer Dissertation von 1682 wird schon bemerkt, daß es wohl keinen Mann und keine Frau gebe, welche nicht von den Einzelheiten der bei den Hexensabbaten angeblich stattfindenden Vorgänge bis in die kleinsten Details fast eben so viel wüßte, als uns der Hexenhammer, del Rio und Andere gelehrt hätten! Wo dieses allgemeine Wissen nicht ausreichte, sorgten die Gerichte dafür, daß die als Opfer Ergriffenen wußten, was sie gestehen sollten: jedes Gericht hatte sein eigenes, so ziemlich feststehendes, stets wiederkehrendes Frageregister und wenn der vielleicht noch unerfahrene Inquisit mit allem Sinnen nicht auf die dem Richter genehme Antwort verfiel, so deutete die entsprechend formulirte Frage selbst auf die erwünschte Antwort in nicht mißzuverstehender Weise hin und der Inquisit hatte nur die ihm in den Mund gelegte Antwort auszusprechen. So erklärt sich die anscheinend so auffallende Uebereinstimmung jener Geständnisse, welche im Wesentlichen durchgängig Folgendes enthalten:

Der Teufel sei in Gestalt eines feinen Mannes (Ritters, Jägers) oder eines Weibes und unter ungewöhnlichem Namen (Kasperle, Federlin, Hölberlein, Kreutle, Greta) zu ihnen gekommen; sie hätten ihn oft schließlich an den Bocksfüßen erkannt, er habe sie zum Bündnisse verführt, ihnen versprochen beizustehen, auch Geld gegeben, welches sich dann in Dreck oder Scherben verwandelt habe; auf seine verführerischen Reden hätten sie Gott gelästert und abgeschworen und sich dem Teufel ergeben, ihm auch versprochen, Menschen und Thieren nach Möglichkeit zu schaden. Mit dem Teufel und mit vielen anderen Hexen hätten sie auf benachbarten Bergen (oder Haiden, in Kellern oder auch im Rathhause) beim Scheine der von Hexen gehaltenen Kerzen Zusammenkünfte gehabt, getanzt, geschmaust (meist ohne Salz und Brot); das Essen und Trinken sei aber lauter Schein und Betrug und sättige nicht; getanzt würde auf dünnen, in Mannshöhe ausgespannten, an Bäumen befestigten Stricken, und schließlich ohne Unterschied der Geschlechter Unzucht getrieben. Dem Obersten (Beelzebub) in prächtigem Ornat sei hier in ekelhafter, schmutzigster Weise gehuldigt und versprochen worden, bei ihm zu leben und zu sterben, während Gott und seine lieben Engel verwünscht und verflucht worden seien. Zu diesen Zusammenkünften seien sie auf Besenstielen, Ofengabeln oder Thieren durch die Luft geritten, nachdem sie mittelst Hexensalbe die Besenstiele rc. hierzu tauglich gemacht. Vom Teufel hätten sie auch gelernt, Hagel, Gewitter, Wind zu machen, Menschen und Vieh durch Berührung Krankheiten zuzufügen, Früchte auf dem Felde zu verderben und zu diesen Zwecken verschiedene Kräuter, Salben, Pulver, auch Theer oder dergleichen erhalten. Wenn sie trotz dieses Teufelsbundes noch das Abendmahl genommen, so hätten sie dasselbe verunreinigt, die Hostie aus dem Mund genommen, geschändet und dem Teufel überliefert. Damit — bei Verheiratheten — der Ehegatte die Abwesenheit nicht merke, sei derselbe, so erzählten die Geständigen vielfach, vom Teufel angeblasen worden und hierdurch bis zur Rückkehr des Anderen im Schlafe geblieben. Oefters begegnen wir, wie bei den Judenverfolgungen, auch hier der Erzählung, daß aus den geschändeten, durchstochenen Hostien Ströme Blutes geflossen seien.

Was die zugestandenen Beschädigungen anbetrifft, so war es eigentlich Voraussetzung jeder Verurtheilung zum Tode nicht blos, daß die Hexe im Stande war, durch Zauberei Anderen zu schaden, sondern daß sie auch Schaden zugefügt hatte. Denn die Carolina, welche in diesem Punkte, wie in den meisten Bestimmungen der von dem Freiherrn von Schwarzenberg, einem für damalige Zeit aufgeklärten und freisinnigen Manne, verfaßten peinlichen Gerichtsordnung für das Bisthum Bamberg entlehnt ist, bestimmte im Artikel 109:

„Item so jemandt den leuten durch zauberey schaben oder nachtheyl zufügt, soll man straffen vom leben zum todt, und man soll solche straff mit dem fewer thun. Wo aber jemandt zauberey gebraucht, und damit niemant schaben gethan hett, soll sunst gestrafft werden, nach gelegenheit der sache...."

Aus diesem Reichsgesetze ergiebt sich, daß die Zauberei, das Teufelsbündniß an sich, nicht mit dem Tode bedroht war. Aber trotzdem führten die Interpretationen der von dem Wahne ihrer Zeit befallenen Juristen alsbald dahin, daß auch ohne Nachweis eines Schadens die Zauberei als solche auf Grund dieses Artikels mit dem Tode bestraft wurde, — wie schon vorher im Sachsenspiegel dem „ungläubigen Christenmenschen" gleich dem, „der mit Zauber umgeht" der Feuertod angedroht war, und wie in gleicher Weise schon verschiedene ältere Provinzialrechte denjenigen,

„welche den Teufel mit Worten zu sich laden können, und die es wissen und verschweigen, und dazu helfen,"

den Tod androhen, lediglich deßhalb,

„weil sie Gottes verleugnen und dem Teufel sich ergeben,"

und zwar den Zauberern selbst den Feuertod, den Mitwissern aber nur den Tod durch Hauptabschlagen. Namentlich Carpzov, der in Betreff der Zauberei ein Bekenner der orthodoxesten Ansicht war, selbst mehr als hundert Hexen zum Tode verurtheilte und mit seinen juristischen Werken, in welchen er die starrsten Anschauungen der Zeit wissenschaftlich formulirte und begründete, auf mehr als ein Jahrhundert hinaus fast das Ansehen eines Gesetzgebers genoß, vertrat in seiner „Praxis des Strafrechts" diese Auslegung des Art. 109, indem er ausdrücklich ausführte:

„Die Strafe des Feuertodes ist auch denjenigen aufzuerlegen, welche mit dem Teufel einen Pakt schließen, sollten sie auch Niemanden geschadet, sondern entweder nur teuflischen Zusammenkünften auf dem Blocksberge angewohnt oder irgend einen Verkehr mit dem Teufel gehabt oder auch nur seiner Hilfe vertraut und sonst gar nichts weiter gewirkt haben; hingegen solle Derjenige, welcher ohne solches Teufelsbündniß durch Zauberei Schaden zufüge, mit dem Schwert gestraft werden."

Durch ihn wurde diese Ansicht, welche schon vorher von angesehenen Juristen vertheidigt und in einzelne Partikulargesetze (so namentlich in die kursächsische Criminal-Ordnung von 1572) übergegangen war, in der Gerichtspraxis und in späteren Partikulargesetzen (z. B. noch in der „Polizei-Verordnung im Herzogthum Vorpommern" von König Karl von Schweden vom 18. Dezember 1672, cap. II) dauernd befestigt.

Auf Grund dieser Auslegung des Art. 109 der Carolina war es naturgemäß, daß man nunmehr auf die den Angeschuldigten zur Last gelegten wahrnehmbaren Handlungen und überhaupt auf die objektiven Indicien kein erheb&shy;liches Gewicht legte, nicht gerade ängstlich auf die Ermittelung dieses objektiven Thatbestandes durch Zeugen bedacht war und durch etwaige Widersprüche zwischen den ermittelten Thatsachen und dem Geständniß des Inquisiten nicht weiter bedenk&shy;lich wurde, wenn nur der Letztere umständlich seinen Abfall von Gott, den Bund mit dem Teufel und die weiteren Hexentollheiten bekannt hatte: noch Lauterbach, welcher hundert Jahre nach Carpzov in der Mitte des achtzehnten Jahrhunderts lebte, vertrat in seinen Werken, welche ebenfalls großes Ansehen erwarben, die An&shy;sicht, daß eine Hexe auf Grund ihres Geständnisses verbrannt werden könne, wenn auch sonst über den objektiven Thatbestand nichts zu ermitteln sei. Er tritt hiermit nur in die Fußtapfen der damals herrschenden Praxis, für welche Carpzov die jeder&shy;zeit gern angerufene Autorität abgab. Und gerade Letzterer hatte neben jener Aus&shy;legung des Art. 109 der Carolina insbesondere in Betreff der Aufnahme des objektiven Thatbestandes die weitgehendste Freiheit gewährt:

„Bei der Zauberei sei es schwierig und gefährlich, die zur Tortur hin&shy;reichenden Indicien aufzuzählen, da dieses Verbrechen im Verborgenen geschehe und nicht immer Spuren zurücklasse. Bei diesem schändlichen und abscheulichen Verbrechen, bei welchem Beibringung von Beweisen so schwer sei, und so verborgene Unthaten begangen werden, daß unter Tausenden kaum Einer so, wie er verdiene, gerichtet werden könne, sei es gar nicht nöthig, ängstlich und gewissenhaft an den Regeln des Prozesses zu hängen. . . . Deshalb genüge es, wenn für ihren That&shy;bestand eine Vermuthung erbracht sei. Aus welchen Vermuthungen und Anzeigen aber das Vorhandensein wirklicher Hexerei entnommen werden könne, sei nicht genau zu bestimmen, sondern dem Ermessen des Richters zu überlassen. . . . Eine andere Gewißheit des eingestandenen Verbrechens, als welche man eben haben könne, werde nicht erfordert."

Hieraus erklärt sich, daß man etwaige Widersprüche in den Aussagen der Zeugen und des Inquisiten wenig beachtete und die geständigen Inquisiten auf&shy;gebürdeten wahrnehmbaren und einer objektiven Feststellung fähigen Handlungen nicht erst weitläuftig ermittelte, ja sogar der ermittelten faktischen Unwahrheit des Geständnisses für die Entscheidung der Hauptfrage keinerlei Gewicht beilegte. In Lindheim wurden z. B. mehrere Frauen als Hexen gefoltert, weil sie ein daselbst kurz vorher begrabenes Kind ausgegraben und zu einem Hexenbrei gekocht haben sollten. Nachdem sie die That gestanden hatten, setzte es der Ehemann der Einen durch, daß das betreffende Grab in Gegenwart des Geistlichen und mehrer Zeugen geöffnet wurde: die Kindesleiche schlummerte unversehrt im Sarge. Thut nichts, sagte der Inquisitor, der unversehrte Leichnam ist nur eine Verblendung des Teufels, das Eingeständniß der Hexen muß mehr gelten als der Augenschein; und sie wurden in der That verbrannt.

So verbanden sich die Auslegungen des materiellen Strafrechts und des Straf&shy;verfahrens mit einander, um Dasjenige, was in dem Glauben Aller existirte, in bestimmten Personen zu verkörpern, und so wurden durch diese dem herrschenden Hexenglauben dienende Handhabung des Strafrechts aus wenigen Verbrechern, einigen Bethörten und Verrückten, und zahllosen harmlosen Unschuldigen ebensoviele Hexen erst geschaffen.

Es ist belehrend, aus einer Zusammenstellung der an die Inquisiten gerichteten Fragen den wesentlichen Inhalt des damaligen Hexenglaubens zu ersehen, und man begreift, daß bei solchen Fragen auch die erwünschten Antworten erfolgten. Waechter theilt aus der im Landrechte von Baden-Baden aus dem Jahre 1588 dem Richter vorgeschriebenen Frageliste die folgenden Hauptfragen mit, welche an die Angeschuldigte zu richten waren:

„Ob sie von Hexenkunst gehört, von wem, und was für Hexenwerk (dieweil diese Werk sonderlich dieser Landen gar gemein, daß sie Zweifelsohn des Wissens darumb haben muß oder werde)?"

„Item (weil man bishero Hexen verbrant) ob sie nit auch von ihrer Kunst Stücklein gehört: dann die Weiber ohne Zweifel aus Fürwitz darnach fragen, und dessen ein Wissens begehren. Und so sich dessen entschuldigen würd, ist es ein Anzeigen, daß solches nit gar ohn werde sein, — und woher ihr das komme, durch wen sie es erfahren, wer dieselbige Person und weß Namens sie sein?"

„Item was es für Hexenwerk und was Stück sie zum Wettermachen und zur Schädigung Viehe haben müssen?"

„Ob sie auch etliche Stücklein, sie seien so gering sie wollen, gelernt, als den Kühen die Milch zu nehmen oder Raupen zu machen, auch Nebel und derselbigen gleichen. Item von wem, auch mit was Gelegenheit solches beschehen und gelernt? Wenn und wie lang, durch was Mittel, ob sie kein Bindnus mit dem bösen Feind? Ob es allein ein schlecht (schlichtes) Zusagen oder ein Schwur und Eid? Wie derselbe lauth?"

„Ob sie Gott verleugnet, und mit was Worten? In wessen Beisein, mit was Ceremonien, an was Ort, zu was Zeiten und mit oder ohne Caracter? Ob er keine Verschreibung von ihr hab? Ob dieselbe mit Blut, und was für Blut, oder mit Dinten geschrieben? Wann er ihr erschienen? Ob er auch Heurath oder allein Buhlschaft von ihr begehrt? Wie er sich genennet? Was er für Kleider, wie auch seine Füß ausgesehen? Ob sie nichts Teuflisches an ihm gesehen und wisse?"

Nach verschiedenen Fragen über die Unzucht mit dem Teufel, über die hieraus hervorgegangene Frucht und die Art, wie dieselbe beseitigt worden, fährt die Instruktion fort:

„Was sie sonsten für böse Stück als mit Stehlen, Brennen, Kinder verthun, Morden und dergleichen in der Welt begangen? Ob sie auch Leuten in Kraft ihres Schwurs und wem geschadet? Mit Gift? Anrühren, Beschwörungen, Salben? Wie viel sie Männer gar getödtet, Weiber, Kinder? Wie viel sie nur verletzt? wie viel Vieh?"

„Wie viel Hagel, und was dieselbe gewirkt? Wie sie die eigentlich gemacht, und was sie derzu gebraucht?"

„Ob sie auch fahren könne, und worauf sie gefahren? Wie sie das zuwegen bringe? Wie oft dies geschehe? Wohin zu allen Zeiten und Fristen? Wer in diesem allem ihre Gesellen, so noch leben?"

„Ob sie sich auch und durch was Mittel verwandlen könne? Wie lang es, daß sie ihre Hochzeit mit ihrem Buhlen gehalten? Wie solches geschehen und wer alß dabei gewest. . . . Item was bei vorgemelter Beisammenkunft ihr Anschlag gewest, und wo sie künftig wieder bei einander erscheinen wollen? Wo sie bei nächtlicher Weil Zehrungen gehalten, uf dem Felde, in Wäldern oder Kellern, auch wer jederzeit bei und mit geweft?"

„Wie viele junge Kinder geholfen essen? Wo solche herkommen und allwegen bracht? Item wem sie selbige genommen oder auf den Kirchhöfen ausgegraben? Wie sie solche zugericht, gebraten oder gesotten? Item worzu das Häubtlein, die Füß und die Händlein gebraucht? Ob sie auch Schmalz von solchen Kindern bekommen, worzu sie die brauchen? auch ob zu Machung von Wettern nit Kindesschmalz haben müssen? . . . ."

In Betreff der Hexensalbe, durch deren Kraft sie durch die Luft zu fahren vermögen, wird gefragt:

„Wormit sie gefahren? Item wie solches zugericht, und was Farb sie habe? Item ob sie auch eine (Salbe) zu machen getraute? — Dann als offt habe sie Menschenschmalz haben müssen und folglich so viel Mord begangen, weil sie auch gemeinlich das Schmalz aussieden oder im Braten schmälzen, sollen sie gefragt werden —: was sie mit dem gekochten und gebratenen Menschenfleisch gethan? Item brauchen allezeit zu solchen Salben Menschenschmalz, es sei gleich von Todten oder lebendigen Menschen, desgleichen desselben Bluts ꝛc.; des Schmalzes aber ist allezeit darbei; die andere Stück werden oft ausgelassen; doch von todten Menschen taugt es zur Tödtung Menschen und Viehes, aber von lebendigen zum Fahren, Wettermachen, unsichtbare Gestalten an sich zu nehmen."

„Wie viel Wetter, Reifen, Nebel sie geholfen machen, wie lang solches beschehen, auch was jedes ausgericht? Und wie solches zugehe, und wer dabei und mit geweft? Ob ihr Buhl auch bei ihr im Examen oder in der Gefängniß zu ihr kommen?"

„Ob sie auch die consecrirte Hostiam bekommen und von wem, auch was sie damit ausgericht? Und ob sie auch zum Nachtmahl gegangen und dasselbe recht genossen? — Item den Kühen die Milch entziehen und zu Blut machen, auch wie solchen wieder zu helfen? Ob sie nit Wein oder Millich aus einem Weidenbaum lassen könne? . . . ."

Man darf übrigens nicht annehmen, daß nur Frauenzimmer, wie in den mitgetheilten Fragen vorausgesetzt zu sein scheint, als Hexen zur Untersuchung gezogen wurden. Zwar erörtert schon der Hexenhammer, daß vorzugsweise das weibliche Geschlecht sich diesem Laster hingebe; indeß völlig ausgeschlossen waren auch schon nach der Darstellung des Hexenhammers die Männer von einer Verfolgung als Hexenmeister nicht. Ebensowenig waren es nur Leute niederen Standes, welchen der Hexenprozeß gemacht wurde; vielmehr waren auch die angesehensten Honoratioren davor nicht sicher. Oftmals veranlaßte die Wuth einer Hexe darüber, daß man ihr den ungerechten Prozeß machte, dieselbe dazu, gerade vornehme Genossen zu benennen. So ruft ein armes gefoltertes Weib aus Bamberg, befragt, wen sie auf dem Hexentanzplatz gesehen habe, aus:

„mich armen Tropfen hat man von meinen Kindern genommen und die Vornehmen verschont man;"

und nun nennt sie lauter Vornehme: den Bürgermeister von Bamberg, dessen Frau, den Forstmeister, die Apothekerin; und die Meisten folgten ihr in den Tod.

Auch schützte keine Altersstufe vor dem Hexentode; junge, unreife Kinder von acht Jahren verfielen demselben ebenso, wie das Alter von siebzig Jahren und darüber; in Georgenthal in Thüringen wurde z. B. eine **achtzigjährige Greisin mehrere Stunden** mit Daumenstöcken, spanischen Stiefeln und Aufziehen an der Leiter **ununterbrochen** gefoltert und erst durch diese stundenlange Peinigung ihr Muth so gebrochen, daß sie nun sich zum üblichen Geständniß bereit finden ließ.

Interessant ist in dieser Beziehung ein von Solban mitgetheiltes Verzeichniß der zu Würzburg in den Jahren 1627 bis 1629 gerichteten mehr als 200 Hexen. Unter denselben befanden sich:

„Im ersten Brandt" vier Personen, Frauen, ebenso

„Im andren Brandt" vier Frauen;

„Im dritten Brandt" ein „Spielmann", eine „Procuratorin", eine „Goldschmidtin";

„Im vierten Brandt" fünf Personen, worunter die „Burgemeisterin", ein „frember Mann" und die „Hebamme, von der kommt das ganze Unwesen her";

„Im fünften Brandt" neun Personen mit „eines Raths-Herrn Frau", einer „Dompropst-Vögtin" und einem „vornehmen Kramer";

„Im achten Brandt" ein „Rathsherr, der dickste Bürger in Würzburg" und der „Dompropst-Vogt";

„Im zehnten Brandt" der „Steinacher, ein gar reicher Mann";

„Im elften Brandt" der „Vicarius am Dom";

„Im dreizehnten Brandt" ein „klein Mägdlein von **neun** oder **zehn** Jahren" und ein „geringeres, ihr Schwesterlein";

„Im vierzehnten Brandt" der „vorgemeldeten zwei Mägdlein Mutter";

„Im funfzehnten Brandt" ein „Knab von 12 Jahren in der ersten Schule".

So geht es fort bis zum 29. Brande und es werden unter Anderen als verbrannt aufgeführt: mehrere Edelknaben, Mädchen und Knaben von zehn Jahren und darüber, ein **blindes** Mägdelein, des beim sechsten Brande erwähnten Rathsvogtes zwei Töchter nebst Magd, eine Apothekerin nebst Tochter, ein „Student in der fünften Schule, so viele Sprachen gekonnt und ein vortrefflicher Musikus vocaliter und instrumentaliter", der „Spitalmeister, ein sehr gelehrter Mann", eines Rathsherrn Söhnlein, sowie desselben Tochter und Frau, viele Chorherrn und Vicare, mehrere Alumnen, ein geistlicher Doctor, eine Junker und eine Edelfrau.

Man sieht hieraus, wie in manchen Orten innerhalb kurzer Zeit ganze Familien ausgerottet worden sind: natürlich war ja, wenn erst ein Familienmitglied der Zauberei überführt war, gegen die Uebrigen hierdurch schon ein schweres Indicium, also Grund zur „peinlichen Befragung" (Folterung) gegeben.

Interessant ist aus dem gedachten Würzburger Verzeichniß, daß die weitaus Meisten erst gerichtet (enthauptet) und dann ihre Körper gemeinsam „in einem Brande" verbrannt worden, die Meisten also sogenannte bußfertige und reumüthige Hexen gewesen sind; nur bei Einigen, darunter gerade zwei Vicare, ein Alumnus und ein Vogt, findet sich der Zusatz, daß sie lebendig verbrannt worden sind. Es bestätigt sich hiernach, daß, wie schon oben bemerkt worden ist, naturgemäß die meisten dieser Unglücklichen wohl wissend, daß es keinen anderen Ausweg als den Tod gebe, dem Richter mit ihrem Geständniß auf halbem Wege entgegengekommen sind.

Endlich ist noch bemerkenswerth, daß nach erwähntem Würzburger Verzeichniß auch eine Harfnerin, von der bemerkt ist, daß „sie sich selbst erhenket", nichtsdestoweniger noch als Hexe verbrannt worden ist: die Selbstentleibung galt ja als sicherer Beweis ihres Schuldbewußtseins.

Um eine lebhafte Vorstellung davon zu erhalten, wie furchtbar an einzelnen Orten das Ungeheuer der Hexenverfolgung wüthete, welchen Jammer und welches Elend ohne Maß und Ziel es über die damalige Menschheit brachte, genügt es, sich zu vergegenwärtigen, daß z. B. im Bisthum Bamberg in der Zeit von 1625 bis 1630 mehr als neunhundert Hexenprozesse anhängig gewesen und auch hier Hexen aller Stände, Kanzler, Doctoren, selbst „etliche katholische Pfaffen . . .", welche viel Kinder in Teufels Namen getauft haben", sowie 22 Mädchen im Alter von sieben bis zehn Jahren gerichtet worden sind; hier ging man auch mit besonderer Grausamkeit vor, indem man nicht nur sehr viele Hexen lebendig verbrannte, sondern, namentlich wenn ihnen Entweihung von Hostien zur Last viel, ihnen vor der Verbrennung eine Hand abhieb oder sie mit glühenden Zangen zwickte.

Der Bischof von Würzburg, Philipp Adolph von Ehrenberg, welcher erst im Jahre 1627 die Hexenverfolgungen im großen Stile aufnahm, ließ bis 1631 neunhundert Hexen verbrennen. In demselben Zeitraum von vier Jahren opferte die kleine Stadt Offenburg sechszig Hexen. Remigius, Oberrichter in Lothringen, berichtet, — Ende des sechszehnten Jahrhunderts — selbst, daß während der fünfzehn Jahre, in denen er dem Halsgerichte beiwohnte, nicht weniger als etwa neunhundert Zauberer zum Tode verurtheilt worden sind. Zwischen 1590 und 1600 wurden im Braunschweigischen an manchen Tagen zehn bis zwölf Hexen verbrannt. Im Trierischen wurden unter dem Bischof Binsfeld innerhalb etwa sieben Jahren von 1587 bis 1593 nur aus den in der Nähe der Hauptstadt belegenen Dörfern dreihundert und achtzig Hexen verbrannt; es wird berichtet, daß hier das Land einer Wüste glich und das Vermögen der Begüterten in die Hände der Gerichtspersonen und des Nachrichters (Scharfrichters) überging; der Letztere ritt, wie es heißt, in Gold und Silber gekleidet auf einem stolzen Pferde, und seine Frau wetteiferte mit den vornehmsten Damen in Pracht ihrer Kleider. So sorgte auch die Habsucht nicht selten dafür, daß zeitweise Hexenverfolgungen zur Aufbesserung der Finanzen eines weltlichen oder geistlichen Gerichtsherren und seines gesammten Hilfspersonals in Scene gesetzt wurden: selbst wenn schließlich eine Verurtheilung überhaupt nicht erfolgte oder nur Landesverweisung ausgesprochen wurde, mußte der Angeschuldigte, welcher einmal gefoltert war, die Kosten, von welchen ein Jeder, Richter, Fiscal, Nachrichter ꝛc. seinen Antheil erhielt, bezahlen und diese waren nicht gering. Nicht selten wurde auch dann noch das Vermögen der Landesverwiesenen eingezogen. Gleich einer Pest wüthete die geistige Krankheit nicht nur in ganz Deutschland, sondern in ganz Europa; in Frankreich hatte sie schon im dreizehnten Jahrhundert begonnen und kam, nachdem die Verfolgungswuth im fünfzehnten Jahrhundert an der besseren Einsicht der weltlichen Richter (Parlamente) sich gebrochen hatte, mit der Mitte des sechszehnten Jahrhunderts zu dem gleichen Aufschwung, wie in den Nachbarländern; die Schweiz, Spanien, Italien hatten ebenso ihre Hexenbrände wie Belgien, die Niederlande, Schweden, Schottland und England, welches Letztere es in der Mitte des siebzehnten Jahrhunderts sogar bis zu einem General=Hexenfinder (Matthias Hopkins) brachte; dieser machte in den einzelnen Ortschaften gegen freien Unterhalt und an=

ständige Diäten die Hexen mittels Nadel- und Wasserprobe ausfindig und überlieferte sie dem Tode, wurde aber schließlich von dem entrüsteten Volk selbst der Wasserprobe unterworfen und, weil er schwamm, als Zauberer getödtet.

---

## II.
### Mittheilungen aus Originalakten.

Dem Verfasser liegt eine größere Zahl Hexenprozeßakten aus **Westphalen** vor. Es sei gestattet, aus diesen Originalakten einige Mittheilungen zu machen.

Interessant ist zunächst ein zusammenhängendes, ziemlich gut geschriebenes Protokollbuch des Halsgerichtes zu **Bilstein** aus den Jahren 1629 bis 1631. Es beginnt am 29. Mai 1629 mit einem durch den Dr. **Brandis** und Rentmeister **Stockhausen** in Gegenwart des Richters **Walreben** vorgenommenen Zeugenverhöre über verschiedene, aus den einzelnen Kirchspieldörfern (**Hembergen, Kirchveischede, Burberg** 2c.) der Zauberei verdächtigte Personen. Die Zeugen werden sämmtlich über ihre Personalien vernommen und durch Generalfragen, insbesondere darüber, ob sie in Acht oder Bann und ob sie sich mit Jemandem beredet haben, auf ihre Glaubwürdigkeit geprüft. Sie zählen dann ein Jeder die in ihrer Ortschaft seit lange der Zauberei allgemein Verdächtigen auf, von welchen sie insbesondere als wichtigstes Indicium erzählen, daß bei früheren Inquisitionen nahe Anverwandte bereits wegen Zauberei verbrannt seien; eine wichtige Rolle spielen auch die Erzählungen, daß die Verdächtigen von Andern der Zauberei „bescholten" worden sind und sich dessen nicht vertheidigt haben; namentlich sind Einige „für einen Wehrwolf gescholten" worden, ohne daß sie darüber vor Gericht geklagt haben. Einige haben den Zeugen oder Bekannten derselben bei einem Streit gedroht, „sie sollten es übel empfinden", worauf den Bedrohten ein Stück Vieh krank geworden oder die Ernte mißrathen oder sonst ein Unglück zugestoßen sei. Jedem der Zeugen, welche vor der Vernehmung vereidigt werden, wird nach Beendigung des Verhörs Stillschweigen auferlegt.

Auf Grund dieser vom 19. bis 24. Mai 1629 fortgesetzten Vernehmungen wurden noch an demselben Tage zehn Personen als der Zauberei verdächtig gefänglich eingezogen, darunter auch der vorher als Zeuge vernommene, von anderen Zeugen als der Zauberei berüchtigt bezeichnete, 60 Jahre alte **Johann Stamm**. Nachdem am 25. Mai eine große Anzahl (elf) Zeugen aus anderen Ortschaften (**Meppen, Bohsel** u. a.) vernommen worden ist, wird am 26., 28., 29. und 30. Mai zum Verhör der oben erwähnten Verhafteten geschritten. Dieselben werden zunächst gefragt, ob sie Todfeinde haben, ohne daß auf die betreffenden Antworten irgend welches Gewicht gelegt wird. Einer und der andere nennt zum Beispiel als seine Feinde einige der vernommenen Zeugen, „weil sie ihn der Zauberei halber geschmähet"; natürlich wird diese Verdächtigung nicht als Aeußerung einer „Todfeindschaft" angesehen. Sie leugnen zunächst, worauf sofort auf Folterung erkannt und zur Ausführung dieses Urtels geschritten wird. Dem Verhöre scheinen keine speciell ausgeworfene (articulirte) Fragen zu Grunde gelegt zu sein, da in diesem vom Gericht von Amtswegen, anscheinend ohne Eingreifen eines fiskalischen Anwalts betriebenen Verfahren hierzu auch keine Veranlassung vorlag; in Betreff einiger Angeschuldigter ist allerdings ein Fragenentwurf bei den Akten, welcher indeß sehr mangelhaft ist und demnächst auch bei der verantwortlichen Vernehmung nicht berücksichtigt wird. Vielmehr inquirirt der Richter einen Jeden über die selbstverständlichen Punkte, wer das Zaubern ihm gelehrt, wem er es wiedergelehrt, wer von Anverwandten bereits verbrannt oder wenigstens als Zauberer berüchtigt ist oder war, wie der Teufelsbund eingegangen ist, wo und wie oft Hexenzusammenkünfte stattgefunden haben u. s. w., sowie über die von den Zeugen bekundeten besonderen Indicien. Jeder wird veranlaßt, ein langes Register derjenigen aufzuführen, welche er auf dem Hexentanzplatz gesehen; Einzelne nennen bis zwanzig Personen und mehr, darunter zum Theil die bereits Verhafteten und viele neue Namen. Die Erzählungen über die Eingehung des Teufelsbündnisses und die Hexentänze bieten nur das Besondere, daß hier der Oberste noch Beelzebub genannt wird, stets eine der Hexen als Spielmann fungirt und die Zusammenkünfte außer an Feiertagen nur am Donnerstag Abend stattfinden. Das Lernen der Zauberei erfolgt nach den Geständnissen meist in der Art, daß der Betreffende drei Schritte zurücktritt, Gott ab- und dem Teufel zuschwört.

Die Folterung wird meist nur in höchst lakonischer Kürze, selbst oft ohne Angabe der angewendeten Torturmittel erwähnt; z. B. am 26. Mai 1629:

„Johann Weber genannt Junker. Nach gütlicher Avisation, als bie nicht helfen wollen, erfraget de capitalibus inimicitiis (Todfeindschaften) geantwortet er wisse keine, nur Hans Zickelschet und Johann Ohm (zwei Zeugen) so Ihn beide habend der Zauberei halber geschmehet; demnächst dann die Inquisitorialen fürgehalten, Weil er aber beim bloßen Verleugnen geblieben, keine defensiones fürschützen können, ist die Tortur über Ihn erkannt. Bekennet diesemnegst u. s. w."

Oder noch kürzer:

„Gretha Elise . . . praemissis praemittendis weil die gütliche Avisation bei ihr nicht statt haben wollen, ist dieselbe ad torturam erkannt; Bekennet darin u. s. w."

Erfolgt auch in der Folter kein Geständniß, so werden die angewendeten Foltermittel allerdings angegeben; z. B. am 29. Mai:

„Anna Trina gütlich ermahnt, ihre Sünde und Verführungen zu bekennen, gestehet erst aus den fürgehaltenen Indiciis, daß ihr Vater verbrannt, daß sie folgends für eine Zaubersche gehalten und das nicht vertheidigt. Uebriges aber hat sie nicht gestehen wollen, außerhalb, daß Spidermann (ein anderer Angeschuldigter) ihr nächster Vetter sei. Weilen sie aber sonsten keine defensiones gehabt, auch keine capitales inimicitias gegen die abgehörte Zeugen zu prätendiren gewesen, also ist . . . zur Tortur geschritten. Worinnen sie ziemlich mit Schrauben, Aufziehen und Zerhauen probirt worden, aber sine fructu (ohne Erfolg), deßhalben dann ihr dieser Tag zu bedenken gegeben, sub poena continuationis (unter Androhung der Fortsetzung)."

Oder:

„Hans Spidermann fürgenommen, gütlich avisirt und als die Güte nicht verfangen wollen und erfraget, ob er etwa Capitalfeinde hier am Ampte Bilstein oder ander Orten hatte und als er keiner sich zu erinnern gewesen, seien ihm folgends die einkommene Indicien fürgehalten. Unter welchen

Inquisitorialen er bekennet . . . Uebriges hat er verleugnet. Und weil er dann sonsten keine defensiones anzuzeigen gewiesen, also ist aus den fürhergegangenen Indiciis gegen Ihn prima tortura (der erste Foltergrad) erkannt. Dieweil er in ein Stillschweigen inter torturam gefallen, daß man mit Schrauben und Aufziehen auch sonsten Vieles an ihm haben können und das Schweigen allem Thun unerachtet über eine Stunde gewehret, also ist de continuatione similis torturae . . . protestirt."

Auch in diesem Protokollbuch wird überall nach Anweisung des Hexenhammers nur von „Fortsetzung" der Tortur, nicht von einer Wiederholung oder von einer neuen Tortur gesprochen.

Die erwähnte Anna Trina legt demnächst am 31. Mai 1629, nachdem ihr ein inzwischen auf der Folter zum Geständniß gebrachter Mitangeschuldigter, welcher sie als Genossin bezichtigt, Namens Johann Hirt, gegenüber gestellt ist, ein gütliches Bekenntniß ohne neue Folterung ab.

Einige lassen durch die Wächter des Gefängnisses melden, daß sie revociren wollen, so insbesondere auch Johann Hirt, weil ihm sein Geständniß „allein durch die Tortur ausgepreßt" worden sei; dieselben halten indeß, hierauf verhört, ihr früheres Geständniß aufrecht, und zwar Hirt, „nachdem er ein Geringes aufgezogen". Uebrigens erklären die Angeschuldigten bei ihren Geständnissen wiederholt, daß ihnen Alles leid sei und sie ihre Unthaten bereuen; so bittet Einer,

„daß die Obrigkeit mit angefangener Inquisitionbeweisung verfahren wollten, und wünschete, daß dieses für 20 Jahren geschehen wehre, und man ihme behilflich sein wollte, daß er wieder zu Gott kommen möchte;"

ein Anderer bittet noch am Abende des 1. Juni 1629

„um Gotteswillen, daß die Justitia mit ihm nicht möchte verzogen, sondern Morgen mit den Anderen hingerichtet werden."

Auf Grund ihrer Geständnisse, welche von den Einzelnen vorher auf abermalige, der Vorschrift der Carolina gemäß erfolgte Vorhaltung nochmals gütlich wiederholt („ratificirt") werden, erfolgt schon am 2. Juni 1629 in dem „Peinlichen Halsgericht" zu Bilstein die Verurtheilung von acht Angeschuldigten. Einer der beiden übrigen Verhafteten, Johann Weber, ist bereits vorher am 27. Mai, also einen Tag nach seinem oben mitgetheilten Bekenntniß, von den Wächtern, als sie ihn zur Verhinderung etwaiger Flucht an den Füßen schließen wollen, im Gefängniß — allerdings in einer „Bettstadt auf dem Stroh" — todt liegend aufgefunden worden. Gegen den Zehnten — Spickermann — ergiebt der erste bis zu jener Verhandlung vom 2. Juni 1629 reichende Theil des Protokollbuches nichts weiter, als daß er nochmals „zur vorigen Tortur vermöge jüngster reservation fürgenommen" und — vermuthlich wegen Erfolglosigkeit derselben — am 31. Mai mit Johann Hirt, welcher mit ihm auf dem Tanzplatz gewesen sein wollte, confrontirt worden ist.

Bei der Verhandlung vom 2. Juni tritt ein „klagender Anwalt" — auch Fiskus genannt — auf, welcher beantragt, nachdem die Geständnisse vorgelesen worden, „mit Urtel und Recht zu erkennen und auszusprechen, daß diese acht Beklagte und für Gericht Stehende von wegen alsolchen Ihrer bösen geübten und bekannten Zauberthaten und Verwirkungen nach Einhalt Kaiser Karls des fünften und des heiligen Römischen Reichs Peinlicher Halsgerichts-Ordnunge, Ihnen selbst zu wolverdienter Strafen und Andern zum abſcheulichen Exempel vom Leben zum Tod verdammt und peinlich geſtraft werden ..."

Nachdem hierauf alle Angeklagte ſammt und ſonders gebeten haben, „umb Gnade und daß ſie mit dem Schwert gerichtet werden möchten," wird folgendes Urtheil „abgeleſen und publicirt":

„In Malefizſachen Churfürſtlicher Weltlicher Regierung und deroſelben Fisci Anklägern eines- gegen und wider Liſen Burbergs u. ſ. w. anderntheils Erkennen wir Richter und Schöffen auf einkommene Inquiſition, darauf gehabtes Verhör, eingenommener Zeugenkundſchaft und Ihr der Beklagten ſo zu als außerhalb der Tortur gethane und unterſcheidtlich beſtetigte Confessiones und Urgichten (Geſtändniſſe), auch aller und jeder anderen diesfalls verübter Handlung nach, mit Recht nachbenannten Herrn Doctoris und Churfürſtlichen Commissarii endlich diffinitive zu Recht, daß vormelte (vorgemeldete) öffentlich Beklagte wegen des alſo überzeugten und geſtändigen greulichen Laſters der Zauberei und dadurch begangener Unthaten nach Ausweiſung allerhöchſt milder gedechtniß Kaiſers Caroli quinti Halsgerichts-Ordnung, Andern zum Abſcheulichen Exempel zum Feuer zu verdammen, gleichwohl aber aus Ihrer Churfürſt. Durchl. Unſeres allerſeits Gnädigſten Herrn beſonderer graci und wegen ſonſt bei Ihnen den Beklagten über dies Laſter und ſothane Ihre Unthaten erſpürter und ferner verhoffter Reu und Leibweſens vorerſt mit dem Schwert vom Leben zum Tod hinzurichten und alsdann vollends zu incineriren (einzuäſchern) ſein. Als wie respective erklären und verdammen, Alles von Amts- und Rechts-wegen, dem Scharfrichter dieſer Urtheil wirkliche Execution hiermit anbefehlend."

Unter dem Urtheil findet ſich der Vermerk:

„Oger Brandis Doctor und Commissarius bezeugt dieſe Urtheil der ergangenen Inquiſition und Handlung gemäß und hat zu mehrerer Beglaubigung dieſelbe eigener Hand unterſchrieben."

Der, wie bemerkt, am 27. Mai todt in der Zelle gefundene Weber wird am 28. Mai von dem Richter, den Schöffen und dem Nachrichter beſichtigt, wobei protokollirt iſt,

„daß der Kopf niedrig gelegen, das Maul weit offen und mit Brod erfüllet geweſen, dahero er ſich, wie obengemeldete (Gerichtsperſonen) vermeinen, erſtickt habe."

Darauf werden die Gefängnißwärter über ihre Wiſſenſchaft vernommen. Sie wiſſen nur, daß Weber vorher, als ſie ihm Mittags Eſſen brachten, „ganz zufrieden geweſen, ſich über nichts beklaget, nur daß er geklaget, die Beine thäten ihm wehe," — einen Tag nach der Folterung vom 26. Mai! — Demnächſt iſt am 28. Mai ſofort

„aus der vorhergehenden Confession und durch die Zeugen geſchehene Conviction auch obgemeldeten eingenommenen Augenſchein und Beweiſung der hingeſtorbene Johann Weber als ein Zauberer zur Incineration verdammt und dem Scharfrichter zur Execution befohlen, der dann ſelbigen Tages dieſen Beſcheid vollzogen."

Widerſprüche in den Geſtändniſſen der am 2. Juni 1629 abgeurtheilten acht Angeklagten und insbeſondere auch derjenigen, welche von denſelben Hexenzusammenkünften erzählen, werden in keiner Weise beachtet; so berichtet z. B. der Eine, daß auf einem „leinen Tuch so lang und breit als gewöhnliches Leinen" getanzt worden und beim Essen „Brod und Salz genug" dagewesen sei, während Andere behaupten, daß sie auf einem dünnen Strick getanzt und — wie gewöhnlich bei den Hexenschmausen — kein Brod und Salz gehabt hätten, und eine Dritte sogar angiebt, man habe auf der Erde getanzt, wie man sonst tanze, — ohne daß eine Vereinigung dieser Widersprüche versucht wird. Eine objektive Feststellung der zugestandenen Beschädigungen von Vieh und Menschen wird nirgends vorgenommen: die Erkrankungen und Todesfälle, welche nach. der angeblichen Verhexung durch Zaubermittel, Verwünschungen und dergleichen vorgekommen sein sollen, werden ohne Weiteres als baare Münze genommen und gelten als unmittelbare Folgen jener Mittel.

Inzwischen sind auf Grund der früheren und einiger neueren am 7. und 11. Juni stattgehabten Zeugenvernehmungen sowie auf Grund der in den Aussagen der Verurtheilten enthaltenen Bezichtigungen neue Inquisitionen in Scene gesetzt. Schon am 3. Juni 1629 sind wiederum acht Personen, Männer und Frauen, verhaftet, mit welchen in gleicher Art und so schnell verfahren wird, daß sechs derselben bereits am 11. Juni mittels Urtheils „zum Feuer", aber nach vorheriger Enthauptung verdammt werden.

Während dieser zweiten Inquisition ist der früher übrig gebliebene Hans Spickermann abermals vorgenommen und mit ihm die zweite Tortur versucht, welche indeß,

> „weilen er aber wiederumb in einen seltsamen unnatürlichen Schlaf und Extasie gefallen und daraus unerachtet ziemlichen Schraubens nicht ermuntert oder erwecket werden konnte,"

wieder abgebrochen werden muß.

Bei einem am 9. Juni verhafteten Inquisiten wird auf der Folter ein Zeichen gefunden, welches mit einer Haarnadel untersucht wird,

> „ohne daß er einige Weheklage erzeiget oder daß etwas daraus gegangen, weder Wasser noch Blut;"

zu einem Geständniß ist derselbe indeß trotz Confrontation mit anderen, ihn beschuldigenden Inquisiten nicht zu bringen, ebenso nicht bei einer zweiten am 19. Juni vorgenommenen Folterung.

Aus einem der hierauf folgenden Zeugenprotokolle ergiebt sich, daß bereits im Jahre 1592 in Bilstein Hexenbrände stattgehabt haben.

Am 23. Juni 1629 folgt schon eine abermalige Verurtheilung von vier Hexen. Nachdem am 18. August 1629, bis zu welchem Tage jedes weitere Verfahren ruhte, die Inquisition wieder aufgenommen worden ist, werden schon am 27. August abermals elf Zauberer und Hexen und am 3. September drei Zauberer verurtheilt, so daß vom 2. Juni bis 3. September 1629 hier in Bilstein im Ganzen 32 Hexen verbrannt resp. hingerichtet worden sind. Die Urtheile lauten in der Hauptsache wörtlich wie das oben mitgetheilte erste Urtheil (vom 2. Juni). Sämmtliche Verurtheilte haben, wie die Geständnisse ergeben, nahe Angehörige (Eltern, Geschwister, Ehegatten) unter den früher verbrannten Hexen und aus dem Register ihrer eigenen bei den Hexengelagen betroffenen Genossen ergiebt sich Stoff zu unzähligen neuen Inquisitionen.

Wie es scheint, haben nun indeß fast ein volles Jahr in Bilstein die Hexenverfolgungen geruht, da das Protokollbuch nun erst mit einem Haftbefehl vom 29. Juli 1630 fortfährt. Hierbei ist auch anerkennend nachzuholen, daß von den früheren Verhafteten drei Frauen und ein Mann, gegen welche noch nicht hinreichendes Belastungsmaterial vorlag, gegen Caution entlassen worden sind. Die Caution besteht in Bürgen, welche „mit Hand und Mund" unter Begebung aller Einreden dergestalt Bürgschaft leisten,

„daß sie als ammanuenses den Beschuldigten in ihre Verwahrsam nehmen und dafür gut sein, daß er dieser gefängnisse halber weder mit Worten noch mit Thaten, es geschehe denn mit ordentlichem Rechten nichts fürnehmen soll; auch sonsten auf fernere Zusprache zu ihm allhier in Haft, so oft solches erfordert wird, einliefern sollen und wollen. Und das bei Pein 200 Gulden."

Mitunter verpfändet ein Bürge auch dem Gericht sein Hab und Gut.

Dem bereits erwähnten Haftbefehle vom 29. Juli 1630 gegen fünf Personen gehen aktenmäßig weder Denunciationen noch Zeugenvernehmungen voraus; auch enthält er keine Begründung, indem er nur lautet:

„Anno 1630 den 29. Juli haben Richter und Schöffen mit Recht des Herrn Commissarii nachfolgende Personen consideratis considerandis ad capturam (auf Haft) erkannt."

Eine derselben ist die Ehefrau des beim ersten Brande hingerichteten, oben erwähnten Johann Hirt und von ihr ist als besonderes die Verhaftung unterstützendes Indicium notirt, daß sie bei ihrer Verhaftung gesagt habe: „Wie sollte sie zaubern können, sie könne ja ihr Vaterunser nicht." Wer diese Aeußerung hinterbracht hat, erhellt nicht. Nachdem einige Zeugen vernommen sind, beginnt am 1. August 1630 das Verhör der Gefangenen, welche, wie sich hierbei ergiebt, sämmtlich in verwandtschaftlichen Beziehungen zu anerkannten Zauberern und selbst im Geruche der Zauberei stehen.

Einer gesteht am 3. August auf der Folter, daß sein Bruder als Zauberer verbrannt ist, und daß seine Mutter ihm, als er zwölf Jahre alt war, das Zaubern gelehrt habe. Weiter gesteht er nichts und bittet um Bedenkzeit bis zum folgenden Tage. Am 5. August wird er wieder vorgenommen, „an den Beinen geschraubt, aufgezogen und ziemlich zergeißelt," widerruft aber das frühere theilweise Geständniß und bittet um 8 Tage Bedenkzeit mit dem Bemerken, daß er, wenn neue Anzeigen einkämen und die betreffende Person ihm solches in's Gesicht sagen würde, er sich alsdann einer neuen Tortur unterziehen oder gütlich gestehen wolle.

Eine Angeschuldigte, welche das verlangte Geständniß ablegt, erzählt, daß bei den Hexenversammlungen berathschlagt würde, „wie sie die Schuldigen verschweigen und die Unschuldigen besagen sollten;" nichtsdestoweniger muß auch sie ihre angeblichen Genossen benennen. Andere entschuldigen ihr früheres Leugnen damit, daß der Teufel sie zum Lügen beredet habe; trotzdem gelten natürlich alle ihre Geständnisse und namentlich die langen Register ihrer Genossen für wahr und bieten Veranlassung zu neuen Verhaftungen, obschon gerade diese Benennungen der Mithexen von den Angeschuldigten bei ihren mehrfachen Vernehmungen in Betreff einzelner Personen wiederholt widerrufen werden.

Ein Angeschuldigter bleibt standhaft, obschon „mit Aufziehung etliche Male versucht auch dreimal die Schrauben angesetzt, auch mit Feuerkohlen wärmen unter den Füßen versucht" wird.

Das Protokollbuch schließt mit dem 12. August 1630, ohne daß die neue

Inquisition durch Urtheil zu Ende geführt ist; über das Schicksal der Verhafteten ergiebt sich daher nichts. Interessant ist noch eine durchstrichene Verfügung vom 16. Juli 1630, wonach gegen zwei — später auch verhaftete — Personen auf Haft erkannt wird, weil sie nun **drei** resp. **sieben** Mal benuncirt sind. —

Weit ungestümer und kürzer wird in einem anderen Churfürstl. Kölnischen Gerichte zu Olpe im Jahre 1644 und 1653 nach einigen aus dieser Zeit vorliegenden Originalakten verfahren.

Ein fiskalischer Anwalt reicht einige — beide Male nur **zwölf** — kurze Fragen ein, in welchen nur als Indicien enthalten ist, daß die darin bezeichneten Angeschuldigten aus einem Hexengeschlechte stammen, verschiedene verbrannte Hexen mit ihnen verwandt sind, sie selbst seit lange im Gerüche der Zauberei stehen, verdächtige Redensarten gemacht und sich gegen die Beschuldigung der Zauberei nicht vertheidigt haben. Hierüber werden die vom Ankläger benannten Zeugen vernommen und demnächst sofort noch an demselben Tage die Beschuldigten verhaftet und inquirirt. Der Richter vom Jahre 1644 inquirirt nur ganz kursorisch, während der Richter von 1653 (Dr. Kothmann) sehr eingehend den ganzen Teufelsglauben der damaligen Zeit, namentlich den Teufelsbund, die Eingehung desselben, die Unzucht mit dem Teufel und mit Thieren, den **Betrug**, welchen der Teufel gegen die **ihm dienenden** Hexen begeht, indem er seine Verheißungen nie erfüllt, sondern seinerseits die Hexen stets im Stich läßt, den Bund der Hexen, die Beschädigungen von Menschen und Vieh in die protokollirten Geständnisse aufnimmt. Stets wird auch hier große Sorgfalt auf das Verzeichniß der bei den Hexensabbaten bemerkten Genossen verwendet, worunter z. B. der Bürgermeister nebst Frau figuriren.

Nachdem in den Akten vom 1644 das erste Geständniß dreimal z. B. das am 29. April 1644 abgegebene am 30. April, 7. und 9. Mai vorgelesen und ratificirt worden, ergeht am 10. Mai 1644 das kurze Urtheil:

„Auf Klage, Antwort und alles gerichtliche Vorbringen, auch nothdürftige wahrhaftige Erfahrung und Erfindung (!) so deßhalb alles nach laut Kaiser Karls des fünften und des heiligen Reichs Ordnung beschehen: Ist durch die Urtheiler und Schöffen der Churfürstlich Cölnischen Gerichter Olpe und Drolshagen endlich zu Recht erkannt, daß peinlich beklagtinnen Annen Kleinen und Annen, Hinrichen Mundt's Hausfrau so gegenwärtig vor Gericht stehen, des Zauberlasters halber wodurch gegen Gott und seine heiligen Gebote gehandelt mit dem Feuer vom Leben zum Tod gestraft werden sollen."

Vielleicht sind diese etwas wüsten Verhandlungen die Veranlassung gewesen, daß, als andere Inquisitions-Commissarien Dr. Anton Berg und Wilhelm Steinfurth zu Ruben (Letzterer später zu Nettelnstadt) um Instruktionen in Betreff mehrerer im Bezirke Olpe schwebender Juquisitionen bitten, am 3. Juli 1660 von den Churfürstlichen Räthen zu Arnsberg eine im Original vorliegende gegen solches Vorgehen gerichtete, zwar unter dem Hexenglauben jener Zeit stehende, aber zu Strenge und Vorsicht mahnende Instruktion ergeht. In derselben wird namentlich hervorgehoben, daß man nicht unvorsichtig sofort zur Verhaftung und Tortur schreiten, sondern erst **sorgfältig die Indicien und deren eigentliche Bewandtniß** prüfen und feststellen, demnächst auch erst den Angeschuldigten in **Ehren** über seine Vertheidigung vernehmen und vor der Verhaftung noch specielles Gutachten und Bescheid von dem Churfürstl. Rathskollegium einholen sollte. Mit Bezug auf ein früheres

Rescript und Rechtsgutachten wird ausgeführt, daß die von den Richtern dem Kollegium eingesendeten Protokolle gegen die gegebenen Anweisungen verstoßen, insofern bei Sammlung und Zusammenbringen der Indicien diese

„mehrentheils auf Hingerichtete, Parentel auch daraus wie auch zuweilen aus Streit und der Hingerichteten Denuntiation erwachsene fama und in neglecta defensione (unterlassener Vertheidigung) gegründet"

würden, während schon aus jenem früheren Rescript und sonstigen Umständen zu ermessen sei, „wie wenig darauf zu geben". Die Richter werden deßhalb angewiesen, sich der Sammlung der Indicien, „welche ein Hauptstück des Prozesses ist", insgesammt zu unterziehen und

„daß Ihr viel mehr über das corpus oder vestigia delicti (objektive Spuren der Zauberei) Euch erkundiget, darüber die indicia und, was sich zu deren schließlicher Verification herfürthut, beobachtet und Euch des rechten Grundes informirt.... Alles was zu deren (Angeschuldigten) Unschuld sich herfürthun sollte mit getreuen unpassionirten Fleiß in notam nehmet und darüber den inquisitis ihre Defension gestattet."

Es versteht sich von selbst, daß auch in dieser Instruktion die Hexerei an sich für möglich, der Teufelsbund, die Verwandlung in einen Wehrwolf und der sonstige Spuk für wirklich und wahr gehalten wird. Indeß sie steht immerhin hoch über dem in der Praxis an anderen Orten damals beobachteten Verfahren, insofern sie auf die Feststellung der objektiv wahrnehmbaren Thatsachen und ihres Zusammenhanges mit etwaigen ganz harmlosen Zufällen Gewicht legt; in Betreff eines Inquisiten z. B., gegen welchen geltend gemacht ist, daß das Rind eines Anderen einmal von einem Wolf angegriffen worden und der letztere, als er einen Hieb auf den Kopf erhalten, plötzlich verschwunden, dafür aber der Angeschuldigte mit blutigem Kopfe zur Stelle gewesen sei, verlangt die Instruktion, daß, falls dies als wahr sich ergebe, der Angeschuldigte die Ursache angebe, wie er sonst blutig geworden sei: in den meisten anderen Hexenprozessen begnügt man sich regelmäßig mit der durch irgend einen Zeugen behaupteten Thatsache, daß der Wolf verschwunden und dafür der Angeschuldigte an Ort und Stelle gewesen sei.

Diese Strenge und Gewissenhaftigkeit des Kurfürsten, Erzbischofes von Cöln scheint sich später auch in gewissem Maße erhalten zu haben. Es liegt ein Aktenstück vor, in welchem die Städte Hallenberg und Winterberg klagen, daß

„das greuliche Laster der Zauberei dergestalt zunehme, daß die Jugend sich nicht allein bereits daran geärgert, sondern auch Bürgermeister und Rath mit Recht befürchten, dieselbe würde inskünftig hierdurch verführt und in zeitliche und ewige Verderben gestürzt werden,"

und zur Ausrottung und Dämpfung dieses Lasters in ihrer Petition vom Kurfürsten einen Commissarius erbitten, als welchen sie den Dr. Dieckmann, Richter zu Geseke vorschlagen. Unter dem 23. Februar 1717 werden sie zwar dahin beschieden, daß die erbetene Commission nebst specieller Verordnung nächster Tage erfolgen werde und inzwischen mit dem weiteren Verfahren eingehalten werden solle; indeß am 1. März 1717 werden der Landdrost und die Räthe zu Arnsberg angewiesen, zunächst pflichtmäßig Bericht und Gutachten über die Sache und über die eventuell geeignete Persönlichkeit zu erstatten. Diese citiren zuvörderst die Bürgermeister beider Städte, um sie über die vorhandenen Indicien gegen die der Zauberei berüchtigten Einwohner zu vernehmen, und fordern, da die Bürgermeister nichts wissen, von den in den beiden Städten angestellten Fiskalen Faber und Schmidt die Indicienprotokolle von 1690 ein. Obschon sich in letzteren die üblichen Indicien finden (Abstammung von Hexen, böser Leumund, Benennung durch verbrannte Hexen u. s. w.), stellt das Kollegium von Arnsberg am 17. Juli 1717 dem Kurfürsten die Entscheidung nur anheim und schlägt eventuell die beiden Richter zu Balve und Geseke vor. Im August wird hierüber in Cöln von einem Rath referirt und dahin votirt, daß in den angegebenen Indicien hinreichende Veranlassung zur Verhaftung der Angeschuldigten zu finden, mithin die Abordnung der vorgeschlagenen Commissarien angezeigt sei. Der Kurfürst thut trotzdem nichts und rescribirt schließlich auf erneute Eingabe der Städte vom Januar 1718 in Bonn unter dem 25. Januar 1718 dahin, daß

"weilen die beigebrachte indicia nicht für zulänglich um die gebetene Commission zu erkennen, befunden worden, also soll mit sothaner Inquisition bis auf nähere Verordnung eingehalten werden."

Diese fehlgeschlagenen Versuche müssen indeß wenigstens von Winterberg aus bald wieder aufgenommen worden sein. Denn im Jahre 1728 ist Winterberg mit einer der widerlichsten und abscheulichsten Untersuchungen bedacht gewesen, welche immerhin durch das geordnete und bedächtige Verfahren von Interesse ist: es ist dies der Hexenprozeß wider Anna Maria Rosenthal, dessen Akten ebenfalls vorliegen.

Auf Grund allgemeinen Gespräches, daß eine in Winterberg sich aufhaltende fremde Frauensperson gelegentlich mehrerer Schwangerschaften stets ihr Kind "verbracht" habe, wird die Hebamme des Ortes am 16. Februar 1728 generell vernommen. Dieselbe berichtet, daß die Person, welche sich Anna Maria Rosenthal nenne, von ihr auf Geheiß des Pastors vor Kurzem untersucht und hierbei ein lebendiges Kind bei ihr befunden worden sei; dieselbe habe gebeten, sie das Kind im Geheimen zur Welt bringen zu lassen und ihrem Manne ungetauft auszuliefern; dabei habe sie gestanden, daß sie verheirathet sei und ihr Mann, welcher ein Mörder und Dieb sei, sie unsichtbar besuche.

Demnächst bekundet Chirurgus Bürger, daß er auf Veranlassung des Pastors die Person, welche ein todtes Kind bei sich zu haben behauptet hatte, untersucht und ebenfalls eine lebendige Frucht bei ihr gefunden habe; dieselbe habe ihm hierauf gestanden, ein lebendiges Kind zu fühlen, aber weinend hinzugesetzt, daß dasselbe nicht lange das Leben behalten werde, da ihr Mann, welcher unsichtbar zu ihr komme, ihr das Kind immer abfordere. Bei einer ferneren Untersuchung, so berichtet Bürger weiter, habe er keine Schwangerschaft mehr wahrgenommen, heute aber habe sie ihm wieder hohen Leibes geschienen.

Die nunmehr vernommene Anna Maria Rosenthal giebt an, daß sie 46 Jahre alt sei, mit Anton Nagel vor 13 Jahren sich in Velmede verheirathet und sechs lebendige sowie vier bereits verstorbene Kinder geboren habe. Bei Angabe der Namen, Tauf- und Sterbeorte der Kinder verwickelt sie sich in Widersprüche und erzählt nun, deßhalb ermahnt, daß ihr Mann und dessen Mutter ihr die zu gebärenden Kinder stets stückweise "von ihr gerissen und die Stücken in die Erde geworfen, damit die Seelen zu Grunde gingen." So sei es schon mit vier Kindern gegangen. Auch jetzt komme ihr Mann, welcher sich im Lande umhertreibe, unsichtbar zu ihr und treibe sie an, das Kind herauszureißen und ihm ungetauft auszuliefern.

Auf Grund dieser Aussage wird die Rosenthal vorläufig, um die Geburt des Kindes überwachen zu lassen, zum Civilarrest abgeführt und angeordnet, daß sie an einem Fuß geschlossen und gut bewacht werde. Nachdem die Pfarrer der verschiedenen Ortschaften, in denen die zehn Kinder getauft resp. begraben sein sollten, um Auskunft ersucht worden sind, berichtet am nächsten Tage die Hebeamme noch folgende auf ein Teufelsbündniß deutende Indicien: Ein Heiligthum, welches sie auf Geheiß des Pastors der Rosenthal mit einer Schnur um den Hals festgebunden habe, sei am folgenden Morgen verschwunden, an der Stelle des Halses aber, wo die Knoten gesessen, ein feuerrother Fleck sichtbar gewesen; ein Scapulier, welches sie, Zeugin, der Rosenthal angelegt, habe diese von sich geworfen mit den Worten, sie könne dies Gepäcke nicht vertragen. Der Richter fragt die Hebeamme wie auch drei andere demnächst am 23. und 24. Februar vernommene Zeugen, bei denen die Rosenthal früher gewohnt hat, noch besonders, ob sie bemerkt haben, daß die Angeschuldigte närrisch oder sonst krank sei, was sie sämmtlich verneinen.

Die Zeugen berichten noch von Schwangerschaften der Rosenthal, welche dann immer plötzlich verschwunden seien; dieselbe habe auch, wie die Zeugen bekunden, erzählt, von ihrem unsichtbaren Manne blutig geschlagen worden zu sein, und hierbei habe sie den Zeugen drei aus dem Bettstroh hervorgeholte blutige Hemden gezeigt. Inzwischen haben auch die Antworten der angefragten Pastoren die Unrichtigkeit der Angaben der Rosenthal über Geburt und Tod ihrer Kinder ergeben, weßhalb diese am 24. Februar abermals vernommen wird. Sie erzählt nun von ihrem Ehemanne Anton Nagel verschiedene Diebstähle, einen Raubmordversuch und behauptet, daß er ihr vier Kinder ermordet resp. „lebendig von ihr geschnitten" und vergraben habe, lehnt aber jede eigene Theilnahme an diesen Handlungen ab, indem sie im Uebrigen die Erzählung von den unsichtbaren Besuchen ihres Ehemannes wiederholt. Sie erklärt es für möglich, daß er ein böser Geist sei, da sie ihn weder fühlen noch greifen könne, er auch nicht mit ihr spreche, und sie will auch einmal den Teufel in Gestalt eines großen schwarzen Mannes, welcher alsbald wieder verschwunden sei, gesehen haben. Den Ursprung des Blutes an den drei Hemden erklärt sie auf natürliche Weise.

Diese Hemden werden hierauf aus der betreffenden Wohnung abgelangt und, nach erfolgter Recognition durch die Angeschuldigte, vom Gericht versiegelt in Verwahrung genommen.

Da am 2. März von dem Gefängnißwächter angezeigt wird, daß alle Zeichen der Schwangerschaft an der Rosenthal verschwunden seien und der Chirurgus dies auf sofortige Untersuchung bestätigt, wird sie vorgenommen und unter Vorhaltung ihrer bisherigen unwahren Angaben über Geburt und Tod ihrer Kinder zur Wahrheit ermahnt, worauf sie nunmehr folgendes Geständniß ablegt:

Sie sei bisher vom Teufel verhindert worden, die Wahrheit zu sagen, könne dies jetzt aber, da sie inzwischen gebeichtet habe. Ihr Ehemann sei der Teufel selbst. Vor dreizehn Jahren habe sie auf dem Felde einen Soldaten getroffen, welcher sie aufgefordert habe, ihn zu heirathen und ihm ihre Seele zu verschreiben, wofür er ihr Geld genug habe geben wollen. Da sie dies abgelehnt habe, sei er damals verschwunden; aber nach drei Tagen beim Wasserschöpfen sei ihr der Teufel abermals als jener Soldat mit gleichem Ansinnen erschienen und habe sie aufgefordert, nunmehr Gott und den Heiligen ewig abzusagen. Nun sei sie den vorgeschlagenen Accord eingegangen, habe sich dem Teufel wirklich zu eigen gegeben, aber

Gott und den Heiligen nicht abgeschworen, weßhalb sie noch Gnade vor Gott zu finden hoffe. Seitdem habe sie mit dem Teufel oft Unzucht getrieben, nie aber wirkliche Kinder, sondern ungestaltete Stücke Fleisch zur Welt gebracht. Ihre jetzige Schwangerschaft sei bei der kürzlich erfolgten Beichte sofort verschwunden, und überhaupt der Teufel hierbei von ihr gewichen, während derselbe sonst wohl in der Gerichtsstube bei ihr gewesen sei und sie instruirt habe, was sie sagen solle, ihr auch, wenn sie die Wahrheit sagen wollte, den Hals zugehalten und verboten habe, von ihrem Bündniß mit ihm etwas zu bekennen. Jetzt sei sie nicht krank, sondern nur reuig wegen ihrer Sünde.

Nun wird die criminelle Haft angeordnet und dem fiskalischen Anwalt Abschrift der Verhandlungen ertheilt, auf Grund deren derselbe am 12. April seinen recessus acceptatorius überreicht. In demselben acceptirt er das letzte Geständniß der Angeschuldigten und beantragt, dasselbe nochmals vollständig und umständlich ohne Bezugnahme auf frühere Aussagen von ihr wiederholen zu lassen, auch in ihrer Gegenwart den Chirurgus und die Hebeamme zu beeidigen und über ihre Wahrnehmungen als Zeugen zu vernehmen.

Das Gerichtszimmer wird nun mit benedicirten Weinruthen beräuchert und die Inquisitin sofort am 12. April vorgeführt; sie wiederholt im Wesentlichen ihr früheres Geständniß und erzählt nur noch aus der Zeit ihrer Gefangenschaft Folgendes:

„Vor ungefähr 14 Tagen wären ihr drei weiße Würmer in Gestalt und Größe einer Raupe, eines halben Fingers lang, deren die zwei ersteren viele Beine und jedes nur einen Kopf, das dritte aber viel mehr Beine als die vorigen und zwei Köpfe gehabt hätte, aus dem Munde gegangen; nachdem sie mit den vom Herrn Pastor ihr zugeschickten benedicirten Sachen sich geräuchert und solchen Rauch zum Halse eingezogen gehabt, wäre bei Wiederauslassung des Athems der vorhin gemalte zweiköpfige Wurm von ihr ausgegangen und auf dem Tisch herumgekrochen, welches der Johannes Lütteke gesehen und den Wurm in ihrer Gegenwart wie auch die zwei ersteren verbrannt habe, worauf jedesmal ein solcher Gestank erfolget, daß unmöglich gewesen, im Hause zu bleiben."

Die Hebeamme und der Chirurgus bekunden nach erfolgter Beeidigung das früher Gesagte. Auf die Frage, ob Angeschuldigte „delirire, närrisch oder sonst im Gehirn nicht wohl verwahrt sei", bezeichnen sie dieselbe als verständig. Auch zwei andere schon früher vernommene Personen und ein neuer Zeuge, bei welchen Allen die Angeschuldigte gewohnt hat, werden noch über ihren Geisteszustand von Amts wegen mit gleichem Resultate vernommen. Schließlich bestätigt der citirte Lütteke, daß er zwei jener Würmer, welche an verschiedenen Tagen aus dem Halse der Angeschuldigten abgegangen seien, gesehen und verbrannt habe, von dem dritten aber nichts wisse.

Das Gericht ernennt nunmehr den Dr. Weise junior in Arnsberg zum Vertheidiger und läßt die Verhandlungen abermals dem fiskalischen Anwalt zustellen. Dieser beantragt in einem kurzen Schriftsatz die ordentliche Strafe des Feuertodes; er beseitigt im Voraus den zu erwartenden Einwand des Vertheidigers, daß das corpus delicti für das Verbrechen der Teufelsbuhlschaft fehle, damit, daß ja nach der Lehre des „berühmten Criminalisten" Carpzov es genüge, wenn bei diesem Verbrechen nur ein Vermuthungsbeweis für das corpus delicti vorliege; überdieß ergebe das Zeugniß des Chirurgen und der Hebeamme einen vollen Beweis dieser Teufelsbuhlschaft. Der Vertheidiger, welcher ausdrücklich **die Möglichkeit einer solchen nicht leugnen zu wollen erklärt**, versucht die Mängel des Beweises hervorzuheben, indem er bemerkt, daß alle von den Zeugen über jenen angeblichen objectiven Thatbestand bekundeten Umstände auch auf andere, natürliche Weise sich erklären lassen, und kein zwingender, durch objective Umstände unterstützter Beweis erbracht sei. Er betont, daß der von der Angeschuldigten eingestandene Teufelsbund sonst in keiner Weise objectiv dargethan, übrigens dieser Pakt selbst **nichtig sei, weil die Angeschuldigte trotz desselben Gott und den Heiligen nicht abgesagt habe**, dies aber in sich einen Widerspruch mit dem nothwendigen und wesentlichen Inhalt jenes Paktes enthalte. Mit Rücksicht auf diese Umstände und auf die Reue der Angeschuldigten bittet er sie mit dem Feuertode zu verschonen und mit einer gelinderen Strafe, wovon sie durch halbjährige Gefangenschaft einen guten Theil abgemacht habe, zu bedenken.

Der Referent am Arnsberg'schen Collegium, an welches der Instruktion gemäß die Akten zum Spruch eingesandt sind, votirt, daß das Verbrechen der Teufelsbuhlschaft nach den Lehren des del Rio und Carpzov an sich möglich, der Beweis nach Carpzov hier durch bloßes Bekenntniß und einige unterstützende Vermuthungen erbracht und die Strafe des Feuertodes an sich zwar nach der Carolina deshalb, weil nur ein Teufelsbund ohne Beschädigung Dritter vorliege, nicht gerechtfertigt, indeß **nach der Lehre des berühmten Carpzov** trotzdem wegen der Schwere dieses Verbrechens zu verhängen sei, weil Inquisitin geständenermaßen 13 Jahre in diesem Verbrechen verharrt habe und überdies bei der ersten Begegnung mit dem Teufel diesen an seinem Verschwinden leicht hätte erkennen können. Der Correferent schließt sich diesem Votum mit der Maßgabe an, daß Inquisitin erst zu enthaupten und dann zu verbrennen sei. Dieser milderen Ansicht folgend erlassen hierauf Landdrost und Räthe der Churfürstl. Cölnischen Westphälischen Regierung am 20. September 1728 folgendes Urtheil:

„Wir haben den in Sachen Churfürstlichen Advocati fisci peinlichen Anklägers an Einem gegen und wider Annam Mariam Rosenthal peinliche Beklagtin anderntheils verhandelten und uns zugestellten Inquisitionsverfolg seiner Zeit wohl erhalten und in seinen Umständen reiflich erwogen. Nachdemmahl nun wir daraus für recht befunden, daß vormeldete Anna Maria Rosenthal **wegen ihrer geständigter höchst sündhafter teuflischer Umgängniß** zu ihrer wohlverdienten Straf, anderen aber zum Exempel und Abscheu durchs Schwert vom Leben zum Tode hingerichtet und demnächst der Körper verbrannt werde, also wird Euch hiermit anbefohlen, solches an derselben schleunig förderfamst bewirken zu lassen und wie Ein und Anderes geschehen, vermittels Einschickung darüber abgehaltenen protocolli pflichtmäßig zu berichten. Mit Empfehlung Gottes."

Dieser Prozeß ist insofern interessant, als er zu den wenigen gehört, in welchen eine Hexe wegen bloßer Teufelsbuhlschaft verfolgt und verurtheilt und deßhalb von dem sonstigen Inhalt des Hexenglaubens, namentlich von den Hexenfahrten, den Beschädigungen Anderer und von den Hexengenossen gar nichts verhandelt ist. Anzuerkennen ist, daß im Großen und Ganzen von dem Standpunkte des an die Möglichkeit einer Teufelsbuhlschaft glaubenden Richters aus das Mögliche zur Feststellung der objektiven Thatumstände durch Vernehmung derjenigen Personen, bei welchen die Inquisitin gewohnt hat, durch Untersuchung Seitens der Sachverständigen, durch Vernehmung des Augenzeugen über das Ausbrechen der Würmer, — welche natürlich als die aus der Buhlschaft mit dem Teufel hervorgegangenen Geschöpfe angesehen wurden —, durch Herbeischaffung der blutigen Hemden und durch Befragung der Pastoren über die angebliche Geburt und den Tod der Kinder geschehen ist. Nicht minder bleibt anzuerkennen, daß von Amtswegen eine etwaige Geistesstörung der Inquisitin zu ermitteln versucht, nicht auf die ersten Indicien hin zur Verhaftung geschritten, im ganzen Verlaufe der Untersuchung auch nicht zur Tortur gegriffen und von Amtswegen ein Vertheidiger bestellt ist. Daß kein Versuch gemacht ist, den angeblichen Anton Nagel zu ermitteln, versteht sich bei dem von dem Richter für wahr gehaltenen schließlichen Geständniß der Angeschuldigten, daß der Teufel ihr Mann sei, von selbst. Freilich hätte von vornherein noch ein Versuch gemacht werden können, die eine angeblich zerstückelte Kinderleiche aufzufinden, welche „jenseits des Rosenthals im Walde" vergraben sein sollte; auch hätten in den Ortschaften, an denen die Angeschuldigte früher geboren haben wollte, die geeigneten Zeugen vernommen werden können.

In einem Prozeß wider Johann Richardt zu Störmede, in welchem zunächst nur Richter und Schöffen zu Geseke fungirt haben, und, wie sich aus den vorliegenden Akten ergiebt, die aufgenommenen Verhandlungen dem Rathskollegium zu Arnsberg eingesendet worden sind, verfügt das letztere am 23. April 1681, daß zwar der eingewurzelte schlechte Ruf des Inquisiten, sein stillschweigendes Verhalten gegen den Vorwurf des Zauberlasters an sich zur Verhaftung ausreichend gewesen, daß er indeß nach speciellen vom fiskalischen Anwalt auf Grund der bisherigen Indicien zu entwerfenden Fragen im Einzelnen unter Zuziehung des Licentiaten Witte zu befragen, hierbei mit seiner Vertheidigung zu hören und erst dann, wenn seine Anführungen zur Entkräftung der Anklage nicht ausreichen, nach Beschaffenheit der Indicien und seines Leibes der Tortur zu unterwerfen sei. Der fiskalische Anwalt übergiebt am 25. April seinen Fragebogen mit der Bitte, Richardt diese Fragen kurz und bündig mit den Worten „glaube wahr", „glaube" oder „nit wahr" beantworten zu lassen. Die Frageliste ergiebt nur folgenden dürftigen Thatbestand:

Der Inquisit sei seit Jahren öffentlich als Zauberer berüchtigt, habe sich gegen wiederholte öffentliche Vorhaltung dieser Beschuldigung nicht vertheidigt; er sei früher schon einmal in Geseke gefangen gewesen und neulich, als Johann Maaß, welcher sich dann im Gefängniß vergiftet habe, wegen Zauberei in Störmede durch den Frohn verhaftet worden sei, selbst in großer Angst gewesen; aus Furcht, daß Maaß ihn angeben möchte, habe er sich selbst bei dem Schöffen Schmiding, angeblich auf Rath seiner Tochter und Freunde, gemeldet und gebeten, wenn ihm Gefahr drohe, sich in Güte abfinden zu dürfen, dann seine Tochter zum Richter geschickt und, da dieser nicht zu Hause gewesen, sich am 13. April abermals zu jenem Schöffen begeben und diesen gebeten, für ihn das Beste zu thun, mit dem Bemerken, daß er ihm Alles bezahlen wollte, wenn er bewirkte, daß der Richter für ein Stück Geld seinen, des Angeschuldigten Namen aus dem Protokolle wegließe; privatim vorgefordert habe er dann vor Richter und Schöffen seinen bösen Ruf und seine Nichtvertheidigung gegen Vorwürfe eingestanden und schließlich auch zugegeben, daß er in seiner Jugend bei Zauberern, insbesondere bei dem später wegen Zauberei verbrannten Heinrich

Stich von Rittberg, welcher ihn auch als Genossen ausdrücklich benannt habe, gewohnt und im Alter von 10 Jahren von Letzterem das Zaubern gelernt habe. Weiter habe er bei dem damaligen Verhör nichts bekennen wollen, sondern gebeten, ihn für 12 Thaler, welche der genannte Schöffe habe auslegen sollen und er demselben durch Schafe habe wiedererstatten wollen, aus dem Protokolle zu lassen, auch am folgenden Tage dem Schöffen die Schafe überbracht und sich schließlich zur Wasserprobe erboten.

Im Wesentlichen räumt Richardt diesen Thatbestand ein; er bemerkt nur, daß Maaß seine Tochter habe heirathen wollen, diese aber trotz des von ihm und seiner Ehefrau erklärten Einverständnisses ihn nicht gemocht habe, und daß er, Angeschuldigter, wenn er auch gestanden haben möge, zaubern zu können, dies in Wirklichkeit dennoch nicht könne. Schließlich erwählt er sich einen Vertheidiger. Auf den Einwand der Parteilichkeit gegen den Licentiaten und Bürgermeister Witte wird am 29. April 1681 vom Churfürstlichen Rath an seiner Stelle der Dr. Wilhelm Steinfurt zu Nettelnstadt als Special-Commissarius dem Richter Wilhelm Wilbrand Gerlach zur Seite gestellt.

Der Vertheidiger bebucirt in seiner am 5. Mai übergebenen Vertheidigungsschrift die Unzulänglichkeit der bisherigen Indicien und behauptet, daß nach notorischem Recht eine Bezichtigung durch sieben Munde zu gehörigem Verdacht vorliegen müsse. Auf die Entgegnung des Fiskals von demselben Tage replicirt der Vertheidiger am 8. Mai und protestirt hierbei eifrig gegen die vom Fiskal beantragte Folterung und peinliche Befragung des Inquisiten darüber, wie er das Zaubern gelernt habe; der Vertheidiger bemerkt hiergegen, daß der Angeschuldigte noch in keiner Verhandlung zugestanden habe, zaubern zu können, sein jetziges Leugnen also nicht einen Widerruf eines früheren Geständnisses und somit auch nicht ein neues, die Folterung begründendes Indicium enthalte.

Am 9. Mai meldet das Gericht dem Commissarius Steinfurt nach Nettelnstadt:

„Gottes Gnade hat des Teufels List überwunden und dem Inquisiten sein verstocktes Herz in etwas erweicht, daß derselbe heute, als ihm Speise zugetragen worden, selbst gebeten, Richter und Schöffen möchten zu ihm kommen, er wollte nun gern bekennen."

Das Geseke'sche Gericht beantragt nun im Anschluß an diese seine Anzeige, den Inquisiten speciell zu befragen, ob er ein Zauberer sei, sich nicht in einem Wehrwolf verwandelt, Anderen das Zaubern gelehrt und andern Menschen sowie sich selbst Schaden zugefügt habe; zugleich beantragt es, daß der Special-Commissar selbst zum Verhör nach Geseke komme, da seine Gegenwart viel zur Herbeiführung des nun zu erwartenden Geständnisses beitragen werde; das Gericht erachtet es auch für nöthig, daß ein anderer Vertheidiger bestellt werde,

„weil der bisherige seine Zunge nicht zwingen könne und hieraus Gerichts Beschimpfung entstehen könnte."

Der Commissar kommt indeß nicht nach Geseke, setzt überhaupt das Verfahren nicht selbstständig fort, sondern sendet die Akten zur weiteren Bestimmung nach Arnsberg. In dem hierauf erlassenen Rescript vom 17. Mai findet das Rathskollegium das Verfahren noch mangelhaft; namentlich vermißt es die Benennung der dem Angeschuldigten vom Teufel zugewiesenen Buhlin, die nähere Angabe, wo er mit dieser zusammengekommen sei, wem er das Zaubern gelehrt habe, und ordnet noch an,

„dieweil die tägliche Erfahrung giebt, daß die Hexen von dem Teufel ihren Nebenmenschen an Leib oder Vieh Schaden zuzufügen nicht allein angereizt, sondern sogar dazu angezwungen werden, Er, Inquisit, aber Andern Schaden zugefügt zu haben nicht bekannt, darüber specieller zu befragen. Und wenn solche Bekenntniß geschehen und die dabei mit bekannten Umstände im Nachfragen sich befinden sollten, so würde alsdann an der Missethat desto weniger zu zweifeln, und dem also Vorgange, nach Veranlassung des 104. und 109. Artikel der peinlichen Halsgerichts-Ordnung und jeziger limitirter Straf mit dem Schwerdt vom Leben zum Tod zu richten sein. Allermaßen Ihr dann denselben, (bevorab da er bei seiner vorigen Bekenntniß beständig verbleiben und dieselbe endlich coram Banno juris ratificiren solle) sothanenfalls vom Leben zum Todt zu richten und den Körper incineriren zu lassen, Euch hiermit committirt wird."

Die weiteren Verhandlungen fehlen. Es liegt noch das undatirte Urtheil bei, nach welchem der Commissar Steinfurt auf das ihm am 20. Mai zugegangene Rescript allerdings die fernere Vernehmung des Angeschuldigten veranlaßt und Letzterer auch ein Geständniß abgelegt, keinesfalls aber die angeordnete Nachfrage bei den angeblich Beschädigten zur Feststellung des Schadens stattgefunden hat. Das Urtel lautet:

„Auf die gegen und wider Johann Richardt dessen Zauberlasters von Amts wegen gethane Klage, Antwort ... wird von Uns churfürstl. Richtern und Schöffen Stadt- und Gaugerichtes Geseke nächst dem von Churfürstl. Landesregierung am 17. Mai ertheilten Bescheid und zugleich mit zugezogenem Rath untergeschriebenen ... Commissarii zu Recht erkannt, daß nach dem obengemeldeter Beklagter so gegenwärtig das abscheuliche Laster nicht allein vor sich selbst, sondern auch Anderen gelehret und sich in einen Wehrwolf zu verschiedenen Malen verwandelt und dadurch Anderen seinen Nebenmenschen Schaden zugefügt zu haben vor Uns Richtern und Schöffen vor und nach umständlich bekannt und gestanden, also wodurch derselbe Gott seinen Schöpfer hoch beleidigt und abgesagt, hingegen sich mit dem leidigen Satan eine geraume Zeit von Jahren eingelassen und gar sehr versündiget, daß er derentwegen nach Anweisung peinlicher Halsgerichtsordnung Kaiser Caroli des fünften Art. 109 zu gehöriger seiner Bestrafung Anderen aber zum Abscheu und Exempel mit dem Schwerdt vom Leben zum Tode hinzurichten und dessen Körper zu verbrennen sei. Also wir denselbigen hierzu verdammen und schuldig erklären. Von Rechts wegen."

Das Urtheil ist von Wilhelm Steinfurt unterschrieben. Die Vollstreckung ist jedenfalls mit gewohnter Geschwindigkeit vor sich gegangen, da schon am 23. Mai 1681 die Erben des Johann Richardt zur Tilgung der an das Gericht in Geseke zu zahlenden Kosten von 30 Thalern eine Hypothek aufnehmen resp. cediren. Eine vorhandene Rechnung ergiebt, daß der fiskalische Anwalt liquidirt:

für die Anklage . . . . . . . . . . . . 1 Thaler
für 7 Termine à ½ Thaler . . . . . . . 3½ „
für seine Schriften, Assistenz, Fragelisten (4 Stücke) 4 „

Zusammen 8 Thlr. 18 Gr.

In einem noch aus dem folgenden Jahre vorhandenen Fragebogen des Fiskals gegen einen von Richardt als Complicen angegebenen Angeschuldigten wird Richardt's Hinrichtung ausdrücklich bestätigt.

Es liegen noch verschiedene Akten aus der zweiten Hälfte des 17. Jahrhunderts vor, in denen allen der allgemeinen Schablone entsprechend, selbst ohne alle Vernehmung von Zeugen lediglich mit Verhör und Tortur der Angeschuldigten verfahren und meist auf den Tod durch das Schwerdt und demnächstige Verbrennung erkannt ist. Die Indicien beginnen überall mit bösem Ruf und Benennung durch andere, meist schon verbrannte Hexen, wie auch jeder Angeschuldigte zur speciellen Darstellung der Art des Hexenbundes, der Hexenfahrten und Hexengelage und selbstverständlich zur Namhaftmachung seiner Genossen angehalten wird. Zahlreiche Aktenstücke hängen auch in der Art zusammen, daß die Verfolgung des Einen durch Benennung Seitens einer früher verbrannten Hexe herbeigeführt ist. An Folterungen der grausamsten Art fehlt es nicht.

Unter den nach den vorliegenden Akten in Brilon Verfolgten und Abgeurtheilten befindet sich auch der Bürgermeister Johann Koch. Derselbe war von der im Jahre 1684 hingerichteten Anna Amalia Muschel und in demselben Jahre wie schon früher auch von anderen verbrannten Hexen als Genosse und zwar als „König" der Hexen benannt worden. Die gegen ihn verhandelten Akten liegen zwar nicht vor; indeß es ist ein Aktenumschlag vorhanden, nach welchem in den Jahren 1684 bis 1687 gegen den Genannten wegen Zauberei verhandelt worden ist, und aus einem im Jahre 1703 gegen seinen im Jahre 1631 geborenen, also 72 Jahre alten Sohn Matthäus, genannt Teweß, Koch inscenirten, in mehr als zweijähriger Haft höchst gehässig fortgeführten Prozeß, welcher zunächst damit beendet war, daß M. Koch gegen Caution entlassen, ihm aber das Stadtgebiet zu verlassen untersagt wurde, ergiebt sich gelegentlich, daß der alte Johann Koch, welcher mehrere Male Bürgermeister, übrigens im Jahre 1684 vermuthlich gegen 80 Jahre alt gewesen ist, auf Grund der von drei Universitäten abgegebenen Rechtsgutachten freigesprochen worden ist. Das Aktenstück wider M. Koch jun. ergiebt, daß die Verfolgung der Familie Koch anscheinend von dem Bürgermeister Jobst Grote und dessen Familie betrieben worden ist. Nachdem dann Johann Koch sen. freigesprochen war, hat trotzdem die Sippe Grote ihr „Schänden und Schmälen" nicht lassen können, und hieraus ist zunächst ein Diffamationsprozeß entstanden, in welchem die Tochter des Bürgermeisters Grote, Ehefrau des Organisten von Brilon, verurtheilt worden ist, weil sie gegen zwei Frauen der Koch'schen Sippe von „Teufels- und Hexengepack" gesprochen hat. Nun will die Familie Grote sich durch Inscenirung des Inquisitionsprozesses wegen Zauberei rächen; zahlreiche Mitglieder der Familie Grote treten als Zeugen gegen M. Koch auf; es ergiebt sich, daß sowohl Matthäus wie sein Vater Johann von zahlreichen früher verbrannten Hexen in den Jahren 1643, 1648, 1681 und 1684 als Theilnehmer an den Hexensabbaten benannt worden sind; gerade gegen den Bürgermeister richten sich auch an anderen Orten öfters derartige Beschuldigungen der armen Opfer, sei es aus Rache für vermeintliches Unrecht, sei es auch aus einer gewissen erklärlichen schadenfrohen Genugthuung, den Ersten des Orts in die gleiche Lage bringen zu können. Nachdem M. Koch länger als zwei Jahre in „ganz unerträglichen eisernen Ketten und Banden beständig angefesselt" gewesen und endlich im Jahre 1706 als ein gebrochener Greis von 75 Jahren zufolge direkter von Cöln aus ertheilter Anweisung, wie oben bereits angegeben, gegen Caution und unter dem Verbot Brilon zu verlassen auf freien Fuß gesetzt war, klagte er im Jahre 1707 auf vollständige Freisprechung und zugleich gegen den früheren Bürgermeister (Grote) nebst Rath der Stadt auf Entschädigung für die erlittene Unbill. Das Resultat dieses letzteren Prozesses ist nicht mehr ersichtlich, weil nur einige Schriftsätze desselben erhalten sind.

Zu denjenigen Fällen, in welchen unter dem Namen der Zauberei auch wirkliche schwere Verbrechen verfolgt wurden, gehört ein mit dazu gehöriger Frageliste aber ohne Akten vorhandenes Erkenntniß des Gerichtes zu Geseke („Bürgermeister und Rath") vom 25. Mai 1691 wider Thönnies Honerbolle, einen Mordbrenner. Auch in solchen Fällen erfolgt aber die Bestrafung nicht wegen Mordes und Brandstiftung, sondern diese Unthaten figuriren im Wesentlichen nur als die von dem Zauberer mit seiner Teufelskunst den Nebenmenschen zugefügten Beschädigungen; nebenbei wird indeß im Urtheil auch der von der Brandstiftung handelnde Artikel 125 der Carolina herangezogen. Dasselbe zeichnet sich übrigens dadurch aus, daß es eine verhältnißmäßig ausführliche Feststellung des Thatbestandes enthält:

„.... Demnach ... offenbar und bekenntlich, daß er in seiner zarten Jugend, als kaum das neunte Jahr erreichet, zu dem abscheulichen Laster der Zauberei sich verführen lassen, dem Allerhöchsten Gott seinem Schöpfer und Erlöser ab- und dem leidigen Teufel zugesagt, mit demselben sich vermischet und bis in sein Alter gedienet, auch durch dessen Antrieb sowohl sich selbst als auch seinen Nebenmenschen mit Teufelskünsten und zugebrachter Materie großen Schaden und endlich den Tod zugefügt, auch neben anderen begangenen Missethaten mit seinen sowohl in als außer Tortur namhaft gemachten complicibus, deren aus- und beigewesen, daß aus Zwang des Teufels, nach abgehaltenem Rath verfluchter Conspiration und einhelligem Beschluß, als von den teuflischen Tanzplätzen kommen die Stadt Geseke zu verschiedenen Malen in Brand gerathen, auch in Willen und Vermeinung gewesen, zum Verderb und Ruin so vieler frommer Christen und unschuldiger Kinder die ganze Stadt in die Asche zu legen, wenn nicht durch sonderliche Vorsehung Gottes und geschehenes Löschen der Bürger daran verhindert worden, daß demnächst vermittelst seiner gethanen und anjetzo vor Gericht wiederholten auch bestettigten Bekenntniß, inhalts Carolini'scher Constitution art. 109 und 125 andern zum abscheulichen Exempel durch Feuer vom Leben zum Tod gebracht und dessen Körper incinerirt werden solle ..."

In Betreff dieses Mordbrennerprozesses liegt noch ein Urtheil wider Jürgen Frigge und dessen Frau — ebenfalls auf Feuertod lautend — sowie eine Reihe einzelner auf die Mitangeklagten bezüglicher Aktentheile („Urgichten") vor, aus denen sich ergiebt, daß dieser Prozeß im Frühjahr 1691 geschwebt hat und gegen eine Bande von mindestens fünfzehn Personen gerichtet war.

Auch einige unvollständige Akten, in denen zu Geseke im Jahre 1688 gegen zwei Knaben im Alter von 9½ und 11 Jahren verhandelt worden ist, von denen Ersterer hauptsächlich durch seine Stiefmutter und Letzterer durch Ersteren wegen Zauberei denuncirt worden ist, sind noch vorhanden.

Aus wie nichtigen Indicien mitunter ein Inquisitionsverfahren geschmiedet wurde, und wie gerade der Reichthum der Menschen hierzu Veranlassung bieten konnte, erweist ein im Jahre 1712 gegen den Bauer Kleinmeyer aus Dedinghausen bei dem Gerichte zu Gesefe eingeleiteter Prozeß. Einige Zeugen bekundeten, daß Kleinmeyer bei einem Gelage in anscheinend trunkenem Zustande behauptet habe, er sei ein Zauberer und könnte den Leuten das Korn und den Rübsaamen abzaubern, daß er deßhalb von einem der Zeugen durchgeprügelt worden und, weil sie mit ihm nicht weiter trinken wollten, dann für sich allein getrunken habe, aber bald vom Wirth zur Vermeidung weiteren Streites hinausgewiesen worden sei. Ein fernerer Zeuge bekundete noch, er habe von einem Dritten gehört, daß Kleinmeyer, wegen jener gottlosen Reden getadelt, erwidert hätte:

er habe Alles vom Teufel und sei ein Zauberer und wenn man ihn nach Gesefe holen lasse, um ihn zu brennen oder zu köpfen, so wollte er dazu seine zwei Pferde hergeben und den Tag, wann er gebrannt würde, noch zwei Tonnen Bier zum Besten geben.

Auf Grund dieser leeren Indicien wird Kleinmeyer verhaftet und vernommen, wobei er behauptet: bei dem Gelage habe er nur aus Kurzweil gesagt, daß er ein Zauberer sei, und später nur bedingt geäußert: „so gut er zaubern könne, verständen es die Anderen auch" und „wenn er ein Zauberer wäre, möge man mit ihm anfangen, was man wolle." Im Uebrigen leugnet er und behauptet, daß er das Seinige mit schwerer Arbeit sich verschafft habe, und so unschuldig sei, „wie das Kind, so heute noch geboren würde." In Betreff seines Glaubens befragt, ob ein Zauberer selig werden könne, hält er dies für unmöglich und „als man ihm darauf viele exempla derer, die Zauberer gewesen und heilig worden," vorgehalten — welche Heiligen gemeint sind, ist leider verschwiegen —, antwortet er mit einigem Humor: „das möchten Zauberer gewesen sein, wie er." Verschiedene Leumundszeugen bekunden über ihn und seine Familie, sowie über die Leute, bei denen er sich aufgehalten, das Beste; nur soll seine Großmutter eine Zeit lang inhaftirt gewesen, sein Stiefvater auffallend schnell reich geworden sein, der Angeschuldigte selbst einmal gesagt haben, daß sein Stiefvater ihn zaubern gelehrt habe, und auch öfters betrunken zur Kirche gegangen sein.

Aus diesem kläglichen Material schmiedet der fiskalische Anwalt eine aus 138 (!) Fragen bestehende Anklage. In derselben wird dem Angeklagten unter Anderem — ohne daß der Ursprung aus den Akten erhellt — vorgeworfen, daß er an Fasttagen, Freitag und Sonnabend Fleisch gegessen, viele Schlägereien gehabt und hierbei Andere schwer gemißhandelt habe, ein Gemißhandelter hierauf bald gestorben sei und ein Anderer der Gemißhandelten seine Sprache verloren habe. Interessant ist auch, daß zur Herstellung eines gewichtigen Indiciums der Inquisit gefragt wird, ob

„auch wahr, daß des Inquisiti visionomie und Anschauen also wie frommer aufrichtiger Menschen nicht beschaffen, und daß solche visionomie selbst, daß Inquisitus keines redlichen, sondern eines bösen Gerüchtes sei, genugsame Anzeige giebt,"

woranf er harmlos antwortet, daß er glaube, ein Gesicht wie andere ehrliche Leute zu haben. Ein ferneres Indicium wird daraus entnommen, daß er gesagt hat, er sei unschuldig, wie ein eben geborenes Kind, weil diese Redensart bei „solchen bösen Geistes Anhängern" üblich sei; sowie ferner daraus, daß er drei Tage nach Vernehmung der Zeugen bereits gewußt habe, daß sie seinetwegen verhört worden seien und was sie gesagt haben.

Auf eine nach Arnsberg gerichtete Beschwerde wurde übrigens Kleinmeyer, für welchen sich angesehene Leute und mehrere Verwandte interessirten, vorläufig entlassen, nachdem ein Dr. juris Epping die verlangte Caution von 400 Thaler gestellt und Angeschuldigter die gewöhnliche Urphede geschworen, daß er sich wegen der ausgestandenen Untersuchung und Gefängnißhaft an Keinem der Betheiligten rächen wolle. Dabei wurde er wie üblich in die bisherigen Kosten verurtheilt. Wie der Prozeß, in welchem der Inquisit über einzelne frühere Fragen nochmals vernommen, demnächst aber vom Fiskal die Frageliste auf 196 Punkte erweitert wurde, ablief, ist nicht ersichtlich; dem Drängen des Fiskals auf weiteres Verhör und den hiergegen gerichteten Protesten des Vertheidigers setzte der Richter völlige Unthätigkeit entgegen, so daß in dem mit dem 1. Juli 1712 begonnen, bereits am 1. August 1712 bis zur vorläufigen Entlassung des Angeschuldigten gediehenen Prozeß demnächst bis zum 23. Februar 1714 außer der erwähnten ferneren Vernehmung des Angeschuldigten nichts geschehen ist. Aus der Vertheidigungsschrift ist bemerkenswerth, daß der Vertheidiger mit Recht jedes corpus delicti vermißt, auf den doppelten Begriff der Zauberei in gutem und in bösem Sinne hinweist und ausführt, daß der Angeschuldigte nur in dem guten Sinne, wie Mathematiker, Aerzte u. dergl. sich als „Zauberer" bezeichnet habe, insofern er durch seiner Hände Arbeit und sauren Schweiß sein Hab und Gut erworben habe; wenn die gegen den Angeschuldigten geltend gemachten Umstände als Indicien der Hexerei gelten sollten, so wäre ein Jeder der Zauberei verdächtig, da man die gleichgiltigsten Handlungen als Indicien auslegen könne, und die Untersuchungen wegen Hexerei würden dann bald ohne Ende sein: „wenn er sich rein macht, wie ein neugeborenes Kind, soll er bösen Geistes Anhänger sein; also im Gegentheil, wenn er sich mit aller Bosheit besleckt, ist er dann rein? Gehet er in die Kirche, so verstellt er sich mit dem Teufel in einen Engel des Lichtes, bleibet er daraus, so ist er boshaft; gehet er öffentlich, so thut er's zum Scheine und heuchelt, wo heimlich, so heißt es qui mala agit, odit lucem (wer Böses thut, scheut das Licht)!" Wie wahr und selbstverständlich! Und doch wie langsam ist diese in zahlreichen Vertheidigungsschriften gerügte Lächerlichkeit und Nichtigkeit der zu den Hexenprozessen Veranlassung gebenden Indicien auch von den Richtern und Anklägern begriffen worden! Die Akten schließen mit einem Schriftsatz des Fiskals vom 23. Februar 1714.

Weniger glimpflich als mit Kleinmeyer war 30 Jahre früher gegen einen ebenfalls vermögenden Mann Laurentius Koenig von dem Gerichte zu Geseke verfahren worden. Derselbe wurde am 18. Juni 1682 aus den üblichen Gründen — böser Ruf, Bezichtigung durch einige Hexen des Jahres 1670 — verhaftet, in den „Schmachtthurm" geworfen, mit Handschellen gefesselt, am 23. Juni zum ersten Male und dann wiederholt martervoll gefoltert; hierbei war von Wichtigkeit, daß man bei ihm ein Hexenzeichen — einen blauen Fleck — auf dem Rücken entdeckte, er auch nach gleichzeitiger Einschraubung eines Daumens und beider Füße bei fortgesetzter Anziehung der Schraube in Schlaf verfiel, also „ganz insensibel und verhärtet gewesen." Am Nachmittage des ersten Folterungstages wurde die Tortur fortgesetzt — „continuirt" heißt es im Protokoll —, wobei als auffallend beobachtet wurde, daß er trotz der vorhergegangenen Folterung keine Flecke an den Händen oder Füßen hatte. Hierauf werden ihm mit einem brennenden Licht die Haare vom Körper (Brust und unter den Armen) abgebrannt. Da er dann beim Anbinden an den Aufzug schreit, „er möchte gern sterben", wird ihm ein „Maulstopfer" eingesteckt. Trotz allen Schraubens, Aufziehens, Streichens mit Ruthen, Stechens mittels einer

Nabel verfällt er in tiefen Schlaf, und verbleibt darin; schließlich als es ihm zu unerträglich wird, ruft er, „daß er bekennen wolle," thut dies aber heruntergelassen nicht, weßhalb die Procedur fortgesetzt wird; er bleibt indeß standhaft. Nach fernerem Zeugenverhör wird er am 17. Juli wiederum in gleicher Weise mit gleichem Mißerfolge und zwar, wie hier das Protokoll ausdrücklich vermerkt, eine halbe Stunde lang gefoltert; noch an demselben Tage wird, um ihn zum Bekenntniß zu bringen, mit neuer Folterung gedroht und gesagt, daß die Herren Inquisitoren im Rathhause versammelt wären und die Henker schon am Thurm bereit ständen; trotzdem erwidert er: „sie können nur lustig herkommen," er wisse nichts vom Bösen.

Auf Anweisung der Regierung zu Arnsberg wird Koenig am 26. September nochmals unter Vorzeigung der Torturalinstrumente befragt und da er nichts bekennt, nach Leistung der Urphede unter Auferlegung aller Kosten, für welche sein Hab und Gut verpfändet wird, aus der Haft entlassen, mit dem Befehl, „alle ehrlichen Leute zu meiden." Die Kostenrechnung für dieses Verfahren beträgt 67 Thaler 26 Groschen 6 Pf. (1 Thaler = 36 Groschen), wovon nur 12 Thaler für die Verpflegung während der hunderttägigen Haft liquidirt sind; jeder Termin kostet 1 Thaler: solcher Termine hat der Richter 17 abgehalten.

Koenig klagt nun gegen den Magistrat zu Gefeke wegen des ungerechten Verfahrens insbesondere wegen der ungerecht wiederholten, über Gebühr verschärften Tortur, wegen der Untersagung ehrlicher Gesellschaft und wegen Auflegung der Kosten, worauf am 15. Mai 1683 der Magistrat von dem Regierungskollegium zu Arnsberg in der Hauptsache freigesprochen, das vorgedachte Decret vom 26. September 1682 aufrecht erhalten und Koenig nur von der Kostenlast insoweit freigesprochen wird, als die Kosten nicht für seine Verpflegung und Vertheidigung entstanden sind.

Hiermit ist indeß nur der erste Akt beendet. Im August 1691 beantragt der Fiskal eine neue Inquisition, da inzwischen Lorenz Koenig von mehreren überführten Hexen als Genosse auf dem Tanzplatz gesehen worden sei und mit ihnen daselbst Brandstiftungen geplant habe, in der That auch bei Entstehung eines Brandes in der Nähe des angezündeten Hauses gewesen sei. Er wird noch am 6. August 1691 verhaftet. Auch dieses neue Verfahren, in welchem Koenig ohne allen Effect gefoltert wird, endet zunächst damit, daß er zufolge Bescheides der Arnsberger Regierung vom 14. Juni 1692 am 1. Juli 1692, also nach einer abermaligen Haft von elf Monaten, nach Leistung des Urphede-Eides gegen Verpfändung von Haus und Hof für die Kosten aus der Haft entlassen wird. Schließlich erfolgt durch Spruch der Juristenfakultät an der Churfürstlich Brandenburgischen Universität Duisburg am 11. April 1693 die völlige Freisprechung des Angeklagten.

Um auch einigen humoristischen Inhalt nicht zu verschweigen, sei erwähnt, daß auf den ganz unzulänglichen Bericht des Richters von Boedefeld in Betreff eines Inquisiten Herrmann Thoenises, gegen welchen nur der Umstand vorliegt, daß er vor Anderen mit der Zauberkunst renommirt hat, in Arnsberg am 22. Mai 1693 bemerkt wird:

„Was der Richter von Boedefeld berichtet sammt beigeschlossenem extractu protocollario kommt mir sehr unförmlich vor und muß dieser Richter wohl ein grober Ignorant sein."

Derselbe wird angewiesen, den Inquisiten vor Allem specieller zu vernehmen, und dieser Befehl, nachdem der Richter in einem neuen Berichte nur bemerkt hat, daß der Angeschuldigte inzwischen sich durch die Flucht von Neuem verdächtig gemacht habe, übrigens wieder eingefangen sei, streng wiederholt, mit dem Bemerken, daß aus dem eingesandten Material „das unförmliche Prozediren des Richters sattsam wahrgenommen" worden sei.

Endlich sei noch des jüngsten der hier vorliegenden Prozesse gedacht, in welchem zu Brilon am 4. September 1732 eine gewisse Veronica Weigmann aus Celle wegen Geisterbeschwörung verhaftet worden ist. Dieselbe ist in Göttingen geboren, 72 Jahre alt, katholisch, Heilkünstlerin, Tochter eines Scharfrichters von Göttingen, Wittwe eines in Celle verstorbenen Scharfrichters, Mutter des Scharfrichters von Cöln, Schwiegermutter eines Wachtmeisters und eines Corporals der englischen Armee; auf Befehl des Richters von Brilon wird sie außerhalb der Stadt aufgegriffen und dorthin abgeliefert, weil sie in einem Hause zu Bigge einen Geist, von welchem ein Kind besessen war, gebannt haben soll. Sie behauptet, daß sie in Brilon verschiedene Kranke von Podagra, Fluß, Gallenfieber und anderen Krankheiten geheilt, mitunter auch Kuren ohne Erfolg versucht und in der That vermöge der von ihren Vorfahren ererbten Kunst das Kind in Bigge von einem weißen Geist, welcher eine Frauensperson gewesen sei, befreit habe, das Kind übrigens trotzdem gestorben sei, „da es schon zu sehr ausgemergelt gewesen." Zur Befreiung des Kindes hätte sie Weihwasser, Weihrauch u. dergl. angewendet, und vor Allem hätten die Eltern des Kindes 12 Groschen 4 Pfennige Waisenalmosen, welche deren Vorfahren gelobt, aber zu geben vergessen hätten, ausgeben müssen. Nachdem die im Gefängniß schwer erkrankte Angeklagte in artikulirtem Verhör vernommen ist, erfolgt auf Einsendung der Akten am 27. October 1732 von Arnsberg der Bescheid, daß die Inquisitin

„vorläufig durch einen Scharfrichter" (trotzdem sie eine Frauensperson ist!) „visitiren zu lassen, ob sich an derselben etwa ein Brandmerk finden möge, solchenfalls ihr dieserhalb zu befragen, wo und warum sie solches bekommen und sodann darob ohne Anstand ferner zu berichten, da sich aber solches nicht äußern würde, hättet ihr besagte inquisitam zu wohlverdienter Strafe eine Stunde an den Pranger mit einer Ruthen an der Hand stellen und nach ausgeschworener Urphede des Lands auf ewig verweisen zu lassen, dabei derselben einen scharfen Verweis zu geben, daß dergleichen Aberglauben (!) gebraucht, auch ihr zugleich zu bedeuten, daß wenn in hiesigen Landen wieder betroffen werden sollte, an Leib auch dem Befinden nach am Leben gestraft werden sollte."

Da die Akten nichts Weiteres enthalten, so ist wohl die Landesverweisung vollzogen worden.

---

## III.

## Der Kampf gegen den Hexenprozeß.

Aberglauben, brutale Willkür, niedrige Motive aller Art wie Rachsucht, Habsucht, der Hang der durch Unglück bedrängten Menschheit, für ihre Uebel einen Sündenbock zu suchen, das Interesse der herrschenden Geistlichkeit an der Verdummung und ferneren Unselbstständigkeit des Volkes, und andererseits gutgläubige beschränkte

Gelehrsamkeit, die edle Sorge für das Seelenheil und materielle Wohl der Neben=
menschen wie für die gerechte Sühne begangener Uebelthaten, gewissenhafte, wenn
auch durch geistige Beschränktheit diktirte Anbetung sogenannter Autoritäten vereinig=
ten sich, um die Hexenverfolgungen so auszubilden und zu verbreiten, daß sie einen
vierhundertjährigen Umzug durch Europa halten konnten. Freilich regte sich auch
sehr bald die Reaction gegen diese geistige Verirrung der Menschheit; aber die
Wenigen, welche ihre Stimme dagegen zu erheben verstanden und wagten, blieben
in dem allgemeinen Zetergeschrei der nach Hexenopfern verlangenden Menge gleich
dem Prediger in der Wüste ungehört oder unverstanden.

Wir müssen uns daran erinnern, daß die klugen Verfasser des „Hexenhammer"
obenan den Satz gestellt hatten, daß das Leugnen des Hexenglaubens selbst Ketzerei
sei, um zu begreifen, daß in den ersten Jahrhunderten die Wenigen, welche an der
Wirklichkeit der Zauberei, namentlich der Teufelsbündnisse, Hexenfahrten und Hexen=
gelage etwa zweifelten, es entweder überhaupt nicht wagten, sich der bedrängten
Hexen anzunehmen, oder doch nur schüchtern auftraten. Früher hatte selbst die
Kirche den Glauben an Zaubereien der Menschen als heidnisch und ketzerhaft ver=
dammt, und lange Zeit hatte man über alle Streitfragen für und wider den Hexen=
glauben wissenschaftliche Erörterungen gepflogen. Selbst ein seinem Ursprung nach
vielfach angezweifelter angeblicher Beschluß der Synode von Ancyra vom Jahre 314,
der in der Sammlung des canonischen Rechts enthaltene Canon Episcopi erklärt die
Hexenfahrten für Unsinn und Phantasiegebilde gewisser vom Teufel verblendeter
gottloser Weiber; die zweite spanische Synode zu Braga vom Jahre 563 bekretirt
direkt in Betreff des Teufelsglaubens:

„Wer da glaubt, daß der Teufel, welcher einige Dinge in der Welt her=
vorgebracht hat, auch aus eigener Macht Donner und Blitz, Gewitter und
Dürre mache, der sei verflucht;"

der Beichtspiegel des Bischofs Burchard aus dem zehnten Jahrhundert erklärt aus=
drücklich:

„Hast du geglaubt oder hast du Theil an jenem Unglauben gehabt, wenn
Leute vorgeben, sie könnten Ungewitter erregen oder die Gemüther der
Menschen verändern? Wenn du es geglaubt oder Theil daran gehabt hast,
sollst du ein Jahr Buße thun;"

und noch im Jahre 1313 erklärte sich im Anschluß an jenen Canon Episcopi die
Kirchenversammlung zu Trier gegen den Glauben an die Hexenfahrten. Noch Jaquier
bemerkt in der Vorrede zu seinem Hexensystem vom Jahre 1458, daß er dieses
Werk schreibe, weil viele Ungläubige sich der Zauberer annehmen, die Hexen=
fahrten leugnen und die nach den Angaben der Hexen anzunehmende Macht der
Dämonen gegen den Willen Gottes für unsinnig erklären; und um seinen Zweck,
die Hexen als Ketzer verbrannt zu sehen, völlig zu erreichen, stellt er im Hinblick
auf die Möglichkeit einer Ableugnung der realen Existenz der Hexenfahrten
den Satz auf, daß die Zauberer an sich Ketzer seien, weil sie, wenn man auch
die Hexenfahrten für eingebildet ansehen will, jedenfalls im wachen Zu=
stande diejenigen ketzerischen Handlungen begehen, welche ihnen der Teufel in ihren
Träumen anbefohlen habe. Ebenso klagen die Verfasser des „Hexenhammer" (1487),
daß ihre Thätigkeit als Inquisitoren, wie man in Anerkennung des gesunden Sinnes
der damaligen Bevölkerung jetzt rühmend hervorheben muß, vielfachen Widerspruch
erfahre, indem Viele „zur Schmach des rechten Glaubens und zur Unterstützung

und Vermehrung der Zauberer" behaupteten, daß die Zauberei nur in den Köpfen derjenigen existire, welche für die natürlichen Wirkungen uns unbekannter Ursachen keine andere Erklärung wüßten. Nachdem aber einmal mittels der päpstlichen Bulle von 1484 auch für Deutschland der Hexenglaube und die Hexenverfolgung sanctionirt und durch den Hexenhammer, welcher bald allgemeine Verbreitung und das Ansehen eines Gesetzes fand, in ein geschlossenes und geordnetes System gebracht war, mußten die offenen Widersprüche gegen das Hexenunwesen bald wegen der schon erwähnten, nun damit verbundenen Gefahr, selbst der Hexerei angeklagt zu werden, verstummen. Die Vertheidiger in den einzelnen Prozessen salviren sich deshalb zunächst öfters mit der Erklärung, daß sie die Möglichkeit der Zauberei nicht in Zweifel ziehen wollen, und richten ihre Angriffe nur gegen die Art des Verfahrens, gegen die Zulänglichkeit der Beweise und gegen die Existenz eines corpus delicti, also eines objectiven strafbaren Thatbestandes. Diese auch schon früh von Schriftstellern versuchte Art des Angriffs gegen die Hexenverfolgungen mußte, wie im einzelnen Falle, so auch im Ganzen ihre Wirkung verfehlen, weil sie die Wurzel des Uebels unangefochten ließ und in dem Zugeständniß, daß es überhaupt ein strafbares Verbrechen der Zauberei gebe, noch genügenden Boden für die einzelnen Hexenprozesse unbestritten gewährte. So ist die gänzliche Erfolglosigkeit der schon früh von dem berühmten Juristen Molitor erhobenen Einsprache erklärlich, welcher in einer Schrift vom Jahre 1489 den ganzen Glauben an die Macht der Hexen, deren Fahrten, Zauberthaten in das Gebiet des Wahnes verweist, aber dennoch die Bestrafung der Hexen als solcher mit dem Tode billigt, weil sie den Willen haben, sich mit dem Teufel zu verbinden und hierin ein Abfall von Gott und strafbarer verbrecherischer Wille zu finden sei. Wirksamer und entschiedener trat ein Arzt Johann Weier, Leibarzt des Herzogs von Cleve, mit seiner im Jahre 1563 veröffentlichten Schrift gegen das ganze Hexenunwesen auf; aber auch er kennt noch eine todeswürdige Klasse von „Zauberern und Schwarzkünstlern", welche mit Hilfe und Beistand des Teufels, dessen Existenz und Einwirkung auf die Menschen Weier noch anerkennt, allerlei Betrug und Blendwerk vorgaukeln. Gegen die Realität des von den eigentlichen Hexen damals geltenden, im Hexenhammer vertheidigten Glaubens richtet sich Weier allerdings mit aller Energie, indem auch er diesen ganzen Unsinn auf Einbildungen schwacher, alter, wahnwitziger oder vom Teufel irre geleiteter Weiber zurückführt, namentlich auch die „betrügerischen, ehrgeizigen, habsüchtigen, intriguanten Geistlichen" wie „unwissenden Aerzte" als die Hauptförderer des Hexenglaubens hinstellt und das Gerichtsverfahren gegen die angeblichen Hexen, ihre Verfolgung überhaupt, die Erpressung von Geständnissen unwirklicher Dinge durch die Tortur und ihre Bestrafung als die schreiendste Ungerechtigkeit geißelt. Das Aufsehen, welches dieses Werk machte, rief naturgemäß die Vertheidiger des Aberglaubens zu erneuter Energie nicht nur in Thaten, sondern auch in Schriften auf, und dies um so mehr, als sich bereits einige Juristen (namentlich Godelmann in Mecklenburg) fanden, welche, wenn sie auch die Befähigung der Hexen zur Anrichtung von Schäden mittels teuflischer Mittel und die Strafbarkeit solcher Hexen anerkannten, doch den, wie wir gesehen haben, hauptsächlichsten Inhalt ihrer Geständnisse, nämlich die Teufelsbuhlschaft, die Hexenfahrten und den Hexensabbat in das Bereich der Fabel verwiesen. Wäre diese aufklärende Lehre damals durchgedrungen, so wäre eine Unzahl von Hexenprozessen, die nur aus den Angaben der Hexen über ihre bei dem Hexen=

sabbat betroffenen Genossen entstanden sind, erspart und Tausenden Unschuldiger das Leben erhalten worden. Aber gerade erst in die Zeit nach Weier fällt die Blüthe des Hexenprozesses in Deutschland; hier errangen sich bald die durch Weier hervorgerufenen, bis zum Jahre 1599 erschienenen Gegenschriften des Weihbischofs von Trier, Peter Binsfeld, des lothringischen Rathes Remigius und des Jesuiten del Rio autoritatives Ansehen bei den Juristen, so daß Weier und Godelmann bald vergessen waren und, wenn sie in den Schriftsätzen der Vertheidiger angeführt wurden, von dem fiskalischen Anwalt nur ganz kurz und vornehm als der Widerlegung gar nicht bedürftig abgefertigt wurden. In diese Zeit der Bewegung gegen den von Weier gepredigten „Unglauben" fällt zufolge der Heftigkeit des Kampfes auch das erbitterste Vorgehen gegen die Vorkämpfer der Weier'schen Aufklärung: in Trier wurde einem Schultheiß und kurfürstlichen Rath Dr. Flact (Flade) wegen seines Auftretens gegen den Hexenglauben der Prozeß gemacht und er, nachdem auch ihm das erforderliche Geständniß mittels der Folter abgepreßt war, im Jahre 1589 verbrannt; dasselbe Schicksal traf gleichzeitig mehrere Priester, Bürgermeister, Rathsherrn und Schöffen. Die Verfolgungswuth brauste nun unangefochten über Deutschland hin, wo der Aberglaube bald so feste Wurzeln geschlagen hatte, daß die Lehren des berühmten und bedeutenden, aber ganz vom Wahne der Zeit befallenen Theoretikers und Praktikers Carpzov (1595 bis 1666) auf ein Jahrhundert in der Strafrechtslehre maßgebend wurden, obschon gerade in dieselbe Zeit eine von dem Jesuiten Spee, Beichtvater in Franken, verfaßte Schrift (cautio criminalis vom Jahre 1631) fällt, in welcher aus einer überreichen Praxis des Verfassers, als Beichtvaters unglücklicher, namentlich in Bamberg und Würzburg verbrannter Hexen, gegen das ganze Gerichtsverfahren, insbesondere gegen die Art der Torturanwendung zu Felde gezogen wird. Spee zeigt, obschon er die Existenz von „Zauberern, Hexen und Unholden" und die Nothwendigkeit ihrer Bestrafung anerkennt, an der Hand der Erfahrung die ungeheuren Absurditäten, Greuel und Ungerechtigkeiten des damaligen Gerichtsverfahrens in Hexensachen, welches, wie er sagt, es zu Wege gebracht hat, daß seiner Ueberzeugung nach unter hundert Verurtheilten nicht vier Schuldige gewesen seien; ja er schwört feierlich, daß von den Vielen, welche er wegen angeblicher Hexerei zum Scheiterhaufen begleitete, Alles genau erwogen, nicht eine Einzige wirklich schuldig gewesen sei, und zwei andere Theologen haben ihm das Gleiche aus ihrer Erfahrung gestanden! Seine Mittheilungen sind es vornehmlich, welche uns die traurige Gewißheit verschaffen, daß die seit Molitor von Vielen, welche an der Realität der von den Hexen gestandenen Hexenkünste zweifelten, dennoch vertheidigte Lehre von der subjectiven Strafbarkeit der Hexen auf Irrthum beruhte, und daß die auch neuerdings noch vielfach vertretene hiermit zusammenhängende Behauptung, daß die geständigen Hexen wenigstens selbst ihre Angaben für objectiv wahr gehalten haben und im Bewußtsein eigener Schuld gestorben sind, nur ein schöner, der Wirklichkeit nicht entsprechender Wahn ist. Einfältige Angeklagte, so erzählt Spee, haben allerdings sich auch ihm, als Beichtvater, gegenüber für Hexen ausgegeben; bald aber, wenn sie Zutrauen zu ihm faßten, bekannten sie Alle, daß sie nur durch die Unwissenheit und Bosheit der Richter, durch die Hinterlist des ganzen Verfahrens, namentlich durch die Qualen der Tortur, durch die Furcht vor immer neuer Wiederholung dieser Qualen und durch die Zudringlichkeiten und Vorspiegelungen der Geistlichen zu ihren unwahren Bekenntnissen gezwungen worden und daß sie vor Gott völlig unschuldig seien; sie flehten ihn bann aber stets an, ja nichts hiervon vor dem Richter verlauten zu lassen, damit sie nicht von Neuem gefoltert würden. Selbst ganz kräftige und starke Männer haben Spee versichert, daß der auf der Folter ausgehaltene Schmerz so furchtbar sei, daß sie die abscheulichsten ihnen angedichteten Verbrechen auf sich nehmen würden, wenn man sie deshalb wieder mit Folterung bedrohen würde. „Wehe der Armen," so ruft er aus, „welche einmal ihren Fuß in die Folterkammer gesetzt hat! Sie wird ihn nicht wieder herausziehen, als bis sie alles nur Denkbare gestanden hat. Häufig dachte ich bei mir, daß wir Alle nicht auch Zauberer sind, davon sei die Ursache allein die, daß die Folter nicht auch an uns kam, und sehr wahr ist es, was neulich der Inquisitor eines großen Fürsten von sich zu prahlen wagte, daß, wenn unter seine Hände und Torturen selbst der Papst fallen würde, ganz gewiß auch er endlich sich als Zauberer bekennen würde. Das Gleiche würde Binsfeld thun, das Gleiche ich, das Gleiche alle Anderen, vielleicht wenige überstarke Naturen ausgenommen."

In der That berichtet er auch von ihm bekannten, sehr verfolgungseifrigen Hexenrichtern, welche schließlich selbst als geständige Zauberer verbrannt wurden. An einer anderen Stelle sagt er in Betreff der Tortur:

„Wenn der Anfang des Folterns gemacht ist, so ist das Spiel gewonnen, sie muß bekennen, sie muß sterben ... Bekennet sie, so ist die Sache klar; ... bekennet sie nicht, so torquiret man sie zum zweiten, dritten und vierten Mal, denn bei diesem Prozesse gilt, was nur dem commissario beliebt, da hat man in diesem Ausnahmeverbrechen nicht zu sehen, wie lang, wie scharf, wie oftmalig die Folter gebraucht werde. ... Verwendet sie nun etwa in der Folter vor Schmerzen die Augen, oder starrt mit offenen Augen, so seyn's neue Indicia: denn verwendet sie dieselbigen, so sprechen sie: Sehet, wie schaut sie sich nach ihrem Buhlen um; starret sie dann, so hat sie ihn ersehen. Wird sie dann härter gefoltert und will doch nicht bekennen, verstellet ihre Geberden wegen der großen Marter, oder kommt gar in eine Ohnmacht, so rufen sie: die lacht und schläft auf der Folter, die hat etwas gebraucht, daß sie nicht schwatzen kann, die soll man lebendig verbrennen, wie ohnlängst Etlichen widerfahren... Begiebt sich's dann, daß Eine oder die Andere auf der Folter stirbt, so sagt man, der Teufel habe ihr den Hals gebrochen, ... und begräbt sie unter dem Galgen."

Aber nicht nur in der Tortur selbst, sondern vor Allem in der Leichtfertigkeit und Bosheit, mit welcher man aus dem allgemeinen Gerücht, aus jedwedem Verhalten eines Bezichtigten und insbesondere aus den Denuntiationen anderer überführter Hexen ein Indicium der Zauberei, also einen Folterungsgrund hernimmt, erblickt er den Grund alles Uebels, welches ohne Ende sei, wenn ihm nicht gewaltsam durch Untersagung derartiger Hexenverfolgungen ein Ende gemacht werde:

„Weil wir's in der That verspüren, daß, wenn man den Hexenprozeß einmal angefangen hat, derselbige etliche Jahre währt und die Zahl derer, so gestraft werden sollen, mehr und mehr zunehme, also daß man ganze Dörfer ausbrennet und doch anders nichts ausgerichtet hat, als daß die Protokolle mit den Namen derer, so von den Hingerichteten denunciirt und besaget worden, eben so voll seien, als vorher, dermaßen daß es scheinet, wo man also eifrig darin fortfahren wollte, des Brennens kein Ende sein würde, bis das ganze Land verbrennet oder sonst hingerichtet wäre; und gleichwie noch niemals ein Fürst oder Herr gefunden ist, der nicht gezwungen worden, dem Hexenprozeß ein Ende zu machen, also hat auch noch Keiner das Ende desselbigen und wie er zum Aufhören kommen möchte, gefunden, sondern hat dem Brennen ein Ende machen müssen. Weil nun dies ein schwer und weit aussehendes Werk ist, sollte man dann nicht allermöglichsten Fleiß anwenden, damit ja kein Irrthum dabei einschleichen und nicht die Unschuldigen in dies Unwesen mit eingeflochten werden möchten? Insonderheit, da es die Erfahrung bezeuget, daß, wenn nur eine Einzige in's Spiel geräth, sobalden unzählige Andere mit eingezogen werden."

Spee bezeugt uns auch ausdrücklich, daß der Inhalt der Geständnisse einerseits durch den allgemeinen Hexenglauben von selbst gegeben war, anderseits auch durch zweckentsprechend formulirte, die erwünschte Antwort andeutende Fragen den Inquisiten in den Mund gelegt wurde. Daher kommt es, bemerkt er, „daß, weil die Commissarii die armen Sünder nicht allein von ihren Gesellen, sondern auch von ihren Thaten, von Ort und Zeit der Tänze und anderen dergleichen Umständen entweder mit Namen oder doch so deutlich und umständlich, als wenn sie es in specie vorsagten und ihnen in den Mund geben, fragen, hinterher bei ihren Herrn und Anderen nicht genugsam rühmen und herausstreichen können, wie viel Hexen in allen Punkten und Umständen so eigentlich übereingestimmt hätten."

In Betreff der Gewissenlosigkeit und Zudringlichkeit der Priester erzählt er unter Anderem, daß ihm von einem Priester, welcher gegen 200 Hexen zum Scheiterhaufen begleitet hatte, bekannt sei, daß derselbe den Verurtheilten, wenn sie beichten wollten, geradezu erklärte, er werde nur diejenigen zulassen, welche ihm das auf der Folter dem Gerichte abgelegte Geständniß wiederholen; wenn sie dies nicht unbedingt versprachen, so erklärte der Priester, sie mögen nun ohne Buße und Abendmahl sterben wie Hunde.

Obschon Spee in seiner — natürlich wegen der ihm sonst drohenden Gefahr **anonym erschienenen** — Cautio criminalis vor das Forum seiner scharfen Kritik alle Mängel des Hexenprozesses und Hexenglaubens zog und seine vernichtenden Ausführungen durch zahlreiche aus eigener Erfahrung geschöpfte Beispiele unterstützte, und obschon diese Schrift zweifellos großes Aufsehen erregte, so blieb sie dennoch im Wesentlichen ohne praktischen Einfluß und Erfolg; gerade die berühmtesten Criminalisten des siebzehnten Jahrhunderts wie Carpzov und Brunnemann erwähnen die Spee'sche Schrift überhaupt nicht, und Seitens der fiskalischen Anwälte erfuhren die von den Vertheidigern herangezogenen Citate aus der Cautio criminalis dieselbe Abfertigung wie die Weier'sche Schrift. Noch fast ein Jahrhundert lang nach Spee wurden auf die Autorität jener Criminalisten hin von Richtern, von Fürsten, von Juristenfakultäten zahlreicher Universitäten unbeirrt zahllose Hexenbrände entzündet. Erst Balthasar Becker mit seinem Werke „Die bezauberte Welt" (1691) und Thomasius mit seinen verschiedenen Abhandlungen über das Verbrechen der Zauberei (1701) fanden den Boden empfänglich für ihre gegen die Hexenprozesse gerichteten vernichtenden Schläge. Sie waren es, welche mit Erfolg ihre Angriffe gegen die Wurzel des Uebels richteten, die herrschende Lehre von dem Teufel als dem realen, in Gestalt eines körperlichen Wesens erscheinenden, gegen den

Willen Gottes der Welt allerlei Schaden zufügenden Fürsten der Finsterniß und den Glauben an das wirkliche Vorhandensein der durch die Mittel des Teufels wirkenden, mit diesem verbündeten und ihm dienenden Zauberer und Hexen in ihrer Nichtigkeit offen legten. Beide kommen zu dem wichtigen und allezeit richtigen Schluß, daß überall keine Hexen zu finden sind, wo man sie nicht sucht, daß es nirgends mehr Hexen geben wird, wenn man auch bei übernatürlichen Ereignissen nicht mehr an Hexereien glaubt, und daß die Hexenprozesse dadurch beseitigt werden müssen, daß die Regenten Untersuchungen über eigentliche, auf angeblichen Teufelsbündnissen beruhende Zauberei überhaupt untersagten. Interessant ist hierbei der Aufschluß, welchen Thomasius, Professor in Halle, darüber giebt, wie er im Jahre 1694 als Referent in dem ersten Hexenprozesse, welcher ihm vorkam, über eine Angeklagte, Barbara Labrentz aus Cöslin, sein Votum ganz auf Grund der althergebrachten Autoritäten (Hexenhammer, del Rio, Carpzov) abgab und durch das hiervon abweichende Votum seiner Kollegen, auf Grund dessen die Angeklagte — allerdings unter Auferlegung der Kosten! — auf freien Fuß gesetzt wurde, und durch das Nachdenken über die ihm alsbald sehr gewichtig erschienenen Gegengründe seiner Kollegen erst zu der rechten Einsicht von der Unhaltbarkeit des Hexenglaubens und des bisherigen Prozeßverfahrens und auf den richtigen Weg zur Bekämpfung dieses Unwesens gebracht worden ist. Thomasius verschloß auch der Geistlichkeit die Hinterthür, durch welche sonst die Rechtfertigung der Hexenprozesse sich leicht wieder einschleichen konnte: er führte in einer besonderen Abhandlung vom Jahre 1727 aus, daß die Ketzerei nicht ein Verbrechen, sondern nur Irrthum sei.

Obgleich zur damaligen Zeit die Hexenverbrennungen schon bei weitem seltener geworden waren und meist nur auf Grund eines schon georbneteren und bedächtigeren Verfahrens stattfanden, auch sonst der Boden durch Philosophie und Aufklärung bereits geebnet war, erregten die Ansichten der beiden Genannten großen Sturm. Becker, Pastor in Amsterdam, wurde unter Verdammung seiner Ansichten von der Synode seines Predigtamtes entsetzt, und noch geraume Zeit verging, ehe seine und des Thomasius bahnbrechende Lehre alle Hexenbrände verlöscht hatte. Selbst Peter Bayle, der muthige Bekämpfer der Intoleranz und des Aberglaubens, erkennt 1703 noch an, daß nicht nur wirklichen Zauberern die Todesstrafe gebühre, sondern auch eingebildeten Zauberern (wie Molitor), „welche, ohne daß dies wirklich der Fall ist, in dem Wahne leben, mit dem Teufel einen Bund geschlossen zu haben, und welche also den bösen Willen haben, mit teuflischen Mitteln zu wirken." Dieser schon oben berührte verhängnißvolle Irrthum von der subjectiven Wahrheit der auf der Folter abgelegten Hexengeständnisse spukt noch lange im achtzehnten Jahrhundert unter den an die Realität der Hexenthaten nicht mehr glaubenden Vertheidigern der Todesstrafe. Indeß die Schriftsteller jenes Jahrhunderts waren ebenso wie die Gerichte nicht mehr von dem blinden Eifer des vorhergegangenen Jahrhunderts erfüllt; überall machte man namentlich strengere Anforderungen an die zur Folter führenden Indicien der Hexerei. Die Juristenfakultät zu Frankfurt a. O., welche in der ersten Hälfte des siebzehnten Jahrhunderts eine unglückliche Person auf Grund der üblichen, alltäglichen Indicien, auf Grund der Benennungen durch überführte Hexen zur Folterung verurtheilt hatte, wagte es am Ende desselben Jahrhunderts, einem Geistlichen, welcher von einer Hexe als Genosse angegeben war, eine Injurienklage gegen den Richter, welcher den Namen des Geistlichen zu Protokoll genommen hatte, zuzusprechen.

Gab es im Laufe des achtzehnten Jahrhunderts auch noch manchen Juristen, welcher die Existenz wirklicher Zauberer (Wahrsager, Crystallgucker) trotz Thomasius vertheidigte und ihnen allerlei teuflische Künste zuschrieb (wie z. B. Struve syntagma jur. civ. mit Anmerk. von Müller, 1718, exercit. 49 § 59 fg. ad lib. 48 tit. 8 in Band III S. 1083 fg., Lauterbach colleg. theoret.-practic., 1725, ad lib. 48 tit. 8 § 45 fg. in Band III S. 1199, Heineccius, 1727, elementa jur. civ. lib. IV tit. 18 § 1358, Leyser meditat. ad Pand., 1741, specim. 608 med. 3 fg. Band IX S. 629 fg., Mevius und Stein in ihren Commentaren zum lübischen Stadtrechte 1701 und 1745), so schränkten doch schon Viele nunmehr die Todesstrafe auf die Fälle nachweisbarer Beschädigungen ein, erhoben strenge Anforderungen an die Indicien der Zauberei und beseitigten zum Theil jedes Ausnahmeverfahren gegen Zauberer. In der Einleitung zum peinlichen Prozeß von Professor Ludwig in Halle (!) vom Jahre 1730 wird noch das Abbrennen der Haare zur Entdeckung des Hexenzeichens und das Abwaschen des Leibes zur Beseitigung der gegen die Folter unempfindlich machenden Hexensalben als übliche Procedur empfohlen und der gute Erfolg dieser Procedur wird auch von Leyser (a. a. O. § 19) aus einem Hexenprozeß vom Jahre 1724 bestätigt.

Allmählich verstummten die Anhänger des alten Unwesens in der Wissenschaft und Praxis immer mehr, die neue Generation der Gebildeten wuchs schon größtentheils in dem Unglauben oder wenigstens in dem Zweifel an Hexereien heran, die Regenten untersagten zum Theil jede Hexenverfolgung, zum Theil schränkten sie den Gebrauch der Tortur durch strenge Vorschriften über die Art und Voraussetzung ihrer Anwendung ein, und so verschwanden allmählich im achtzehnten Jahrhundert diese Prozesse, welche noch kurz vorher in der kräftigsten Blüthe gestanden hatten.

Unter den Regenten waren es auch hier zuerst die Hohenzollern, welche mit kräftiger Hand in ihren Landen dem Unwesen zu Leibe gingen. Schon der große Kurfürst ließ wiederholt Begnadigungen zu Landesverweisung oder lebenslänglicher Verwahrung unter geistlichem Zuspruch und Unterricht eintreten, vernichtete auch Erkenntnisse, wenn die Geständnisse durch ungesetzliche Folterung erpreßt waren, und erschwerte durch strenge Anforderungen an die zur Tortur berechtigten Indicien die Hexenprozesse in anerkennenswerther Weise. Selbstverständlich war er nicht frei von dem Zauberglauben seiner Zeit; wenn er indeß in den Brandenburgischen Kriegsartikeln von 1656 Zauberern, Waffenbeschwörern, Teufelskünstlern den Aufenthalt im Lager bei harter Strafe untersagte, so geschah dies mehr deshalb, weil er, wie er gelegentlich rescribirte, „an solchen abergläubischen Händeln keinen Gefallen trug" und die Pflege und Unterstützung des Aberglaubens bei seinem Volke, namentlich aber die Uebung der damals weit verbreiteten soldatischen Zauberkünste verhindern wollte. Nur unter diesem Gesichtspunkte ist auch die Wiederholung dieser Bestimmungen unter Androhung der Lebensstrafe für die durch die Teufelskünste und Zauberei verübte Gotteslästerung in Artikel 2 der von seinen Nachfolgern erlassenen Kriegsartikel vom 12. Juli 1713 und 31. August 1724 zu beurtheilen, da eben dieselben Regenten andererseits die Hexenprozesse thatsächlich beseitigten. König Friedrich I. zog schon im Jahre 1701 einen märkischen Gerichtsherrn wegen der Hinrichtung eines der Teufelsbuhlschaft angeklagten fünfzehnjährigen Mädchens zur Rechenschaft; 1706 beschränkte er die Hexenprozesse in Pommern, wo sie furchtbar gewüthet hatten. Sein Nachfolger erließ unter dem 13. December 1714 einen Befehl, wonach er, überzeugt von der Verwerflichkeit des bisherigen

Verfahrens in Hexensachen, — „da nicht allemal mit der behörigen Behutsamkeit verfahren, sondern auf ungewisse Anzeigungen gegangen, auch darunter mancher unschuldiger Weise auf die Tortur, auch gar um Leib und Leben und dadurch Blut-Schulden auf das Land gebracht worden —", dasselbe zu verbessern beschlossen habe und inzwischen alle auf Tortur oder Tod ergehenden Urtheile zu seiner Bestätigung einzusenden befiehlt. Dieser Befehl ist dann mehrfach wiederholt und auch in die „Märkische Criminalordnung" vom 8. Juli 1717 aufgenommen worden. Welche Vernunft und Humanität athmet ferner gegenüber den oben mitgetheilten bis zum Jahre 1732 reichenden westphälischen Hexenprozessen (z. B. dem Prozeß wider die Rosenthal vom Jahre 1728) das unter der Regierung Friedrich Wilhelm I. verfaßte Preußische Landrecht vom 27. Juni 1721! Es bestimmt in Theil III Buch VI Titel 5 Artikel 4:

„§ 1. Nachdem denen Zauberern, wie biß anhero geschehen, in diesen Dingen kein gründlicher Glaube beizulegen ist, als wann sie ein würklich Bündniß mit dem bösen Feinde machen, sich umtaufen lassen, und nachgehends mit demselben sich fleischlich vermischen, auch durch Kamine, Schornsteine oder andere engere Oerter auff Besen oder sonst fahren, und bald auf diesem, bald auf einem anderen Thier durch die Luft nach dem so genannten Blocksberg reiten, und der Zusammenkunfft daselbst zu gewisser Zeit beywohnen, imgleichen sich selbst, oder auch andere in Katzen, Wölffe, Ziegenböcke und andere Thiere nach ihrem bösen Gutdünken und Erlustigung verwandeln, und solchergestalt wieder in ihre vorige Substance transmittiren, wie nicht weniger Ungewitter, Donner und Wind erregen und zu Wege bringen könnten, und die ehemaligen Hexenprozessen darauf gar starck mit regardiret haben, solches alles aber in einem von dem leibigen Satan ihnen eingebildeten falschen Wahn, Traum und Phantasie beruhet; So wollen wir, daß hinführo, wann dergleichen Sachen bei ein- und anderen Hexen-Process in Unserem Königreich Preußen mit vorkommen sollten, darauff in soweit gar nicht reflectiret werden solle, daß eine Todes-Straffe deshalb zu erkennen sey, sondern es sollen Unsere Richtere, wann die Beschuldigte darbey sonst nichts begangen, wodurch sie das Leben verwürcket, vielmehr dahin bedacht seyn und Anweisung thun, daß dergleichen von dem leibigen Satan eingenommen und verführte Leute durch die Prediger aus Gottes Wort in ihrem Christenthum besser unterrichtet und sie zu wahrer Erkäntniß und rechtschaffener Buße gebracht und solchergestalt aus den Stricken des Teuffels herausgerissen werden mögen. Wenn aber dennoch einige dergleichen ruchlose Menschen sich finden sollten, welche entweder münd- oder schriftlich, daß sie Gott abgeleugnet und dem Teuffel sich ergeben, öffentlich erklähren würden, sollen als Blasphemie angesehen und am Leben oder anderer weit am Leibe bestraffet werden.

§ 2. Allbieweylen aber doch nicht zu leugnen, daß es Leute giebet, so durch die Magiam vel naturalem vel artificialem denen Menschen und Vieh mit oder ohne Gifft Schaden oder Nachtheil zufügen, so soll ein solcher, wenn dadurch ein Mensch ums Leben gebracht worden, wie ein Mörder oder Vergiffter . . . gestrafft werden. Wann aber keine Leute sondern nur das Vieh und unvernünftige Thiere von ihnen getödtet worden, so soll ein solcher Uebelthäter zwar nicht am Leben, jedoch nebst Entgeltung des zugefügten Schadens entweder zur Staupen geschlagen und aller Unserer Lande auff ewig verwiesen, oder befundener Umstände nach ad operas publicas condemniret werden. Es wäre denn der Schade so groß, daß er nicht ersetzet werden könnte, auf welchen Fall auch die Todesstraffe statthaben soll."

Den eigentlichen wegen Teufelsbündnisses angestrengten Hexenprozessen wurde hierdurch also jede Berechtigung abgesprochen; nur als Gotteslästerer, mit welchen die Zauberer auch in den Kriegsartikeln vom 12. Juli 1713 und 31. August 1724 Artikel 2 zusammengestellt sind, konnten die sich des Teufelsbundes öffentlich Berühmenden bestraft werden und zwar nach Theil III Buch 6 Tit. 5 Art. 1 § 3 und § 4 mit dem Tode durch das Schwert und „unehrlichem Begräbniß", welche Strafe bei Juden „durch Ausschneidung der Zunge und sonsten" geschärft wurde. Es blieben somit als strafbare Hexen nur diejenigen übrig, welche durch Zaubermittel Menschen oder Thieren wirklich Schaden zugefügt hatten. Daß gegen diese Zauberer nur bei Tödtung eines Menschen und bei unersetzlichem Viehschaden die Todesstrafe Platz greifen sollte, war eine äußerst milde Auffassung für die damalige Zeit, in welcher nicht nur, wie bemerkt, die Gotteslästerung, sondern nach der Ueberlieferung des Sachsenspiegels und der Carolina sogar gewisse schwere Diebstähle mit dem Tode bestraft wurden. In Betreff der gegen solche Zauberer etwa entstehenden Prozesse erinnerte das Landrecht noch besonders an die frühere Verordnung vom 13. December 1714, nach welcher Hexensachen, wenn Lebensstrafe oder auch nur Tortur zuerkannt worden, zur landesherrlichen Bestätigung einzusenden waren. In der That hat Friedrich Wilhelm I. nie ein solches Urtheil bestätigt.

Dieser durch den großen Kurfürsten und Friedrich I. begonnene Umschwung in Preußen, welcher durch Friedrich den Großen mittels Abschaffung der Tortur im Jahre 1740 würdig zum Abschluß gebracht wurde, verdient um so größere Anerkennung, als die Folter in anderen Staaten bis tief in das neunzehnte Jahrhundert hinein (in Baiern bis 1807, in Hannover sogar bis 1822) beibehalten wurde, und ziemlich gleichzeitig mit jenem Vorgehen Friedrichs I. von Preußen im Nachbarlande Oesterreich versucht wurde, dem Hexenglauben und Hexenprozeß durch ein Gesetz von Neuem eine dauernde Stütze zu verschaffen. Die vom Kaiser Joseph I. gegebene im Jahre 1707 publicirte „Neue Peinliche Halsgerichts-Ordnung vor das Königreich Böhmen, Marggrafenthum Mähren und Herzogthum Schlesien" sanctionirt fast in vollem Umfange den früheren Hexenglauben und die strafrechtliche Verfolgung der Hexerei mit allen ihren Auswüchsen:

„Die Zauberey . . . ist eine mit ausdrücklich oder heimlich bedungener Hülff des Teufels begangene Unthat."

„Auf wahrhaffte Zauberey, sie geschehe mit ausdrücklich- oder verstandener Verbündnus gegen den bösen Feind, dardurch den Leuten, Viehe . . . . Schaden zugefüget wird, oder auf diejenige, welche neben Verläugnung des christlichen Glaubens sich dem bösen Feind ergeben, mit demselben umgangen oder sich unzüchtig vermischet, wann sie auch sonsten durch Zauberey niemand Schaden zugefüget hätten, gehört die Straff des Feuers, obschon solche aus erheblichen Ursachen und wann Inquisitus . . . dazu gekommen jung an Jahren, einfältig,

— 46 —

in der Wahrheit bußfertig oder der Schaden nicht so groß, mit vorhergehender Enthauptung gelindert und nur der Körper verbrennet werden kann."

„Und obgleich in vollständiger Zauberey, wegen Größe des Lasters kein lindernder Umstand kann erfunden werden, so seynd doch genugsame Ursachen, warum die Strafe zu verschärffen seyn besonders wofern zu der Zauberey annoch eine Gottesläfterliche That, als Mißbrauch heiliger Hoftie oder anderer Gott geheiligten Sachen zugesetzet wird."

Als Indicien werden in diesem Gesetzbuche unter Anderem folgende aufgeführt:
„bei dem Inquisiten gefundene verdächtige oder verbotene Bücher, Spiegel, Todtenbeine, an des Inquisiten Leib unschmerzhaft befundene Merk=Mahle . . . gedrohter und erfolgter nicht allerdings natürlicher Schaden, übernatürliche Wissenschaft zukünfftiger oder unbegreiflicher Dinge, . . . Wann ihre Felder grünen, deren andere dürren, ihr Vieh nutzbar, anderer verdorben . . . Wann die in Verdacht gekommene Person andere Leute die Zauberey zu lehren sich anerboten, menschlich unbegreiffliche Thaten würcket, in der Luft herumfahret . . ."

Ebenso werden noch fünf Grade der Folterung vorgeschrieben und das Abscheeren der Haare an dem ganzen Leibe sowie die Anwendung geistlicher Mittel „zur Verhütung und Vorbiegung aller durch teuflische Künste denen Uebelthätern öfters gemachten Unempfindlichkeit" angeordnet.

Nur in Betreff der Benennung durch andere überführte Hexen zeigt dieses Gesetzbuch den Fortschritt, daß auf dieses Indicium allein
„wegen so vielfältig unterloffenen Betrugs und durch List des Satans angesponnenen Unwahrheit"
nicht sogleich zur Tortur oder gar zur Bestrafung geschritten werden sollte.

In letzterer Beziehung hatte einschneidender bereits im Jahre 1683 der Regent von Mecklenburg, — wo hundert Jahre früher Godelman gewirkt hatte —, angeordnet, daß die Angeschuldigten überhaupt nicht danach gefragt werden sollten, ob sie auf dem Blocksberg gewesen seien und wen sie dort gesehen hätten, und daß, wenn sie solches freiwillig erzählten, dieses Bekenntniß nicht erst zu Protokoll gebracht und die Namen der benannten Genossen nicht verzeichnet werden sollten, weil auf solche nur aus schlechten Motiven fließende Denuntiationen doch nichts zu geben sei.

Das gedachte Gesetzbuch Joseph's I. vermochte nicht auf lange Zeit hinaus dem Hexenprozeß sein Dasein zu fristen. Mit dem Regierungsantritt der Kaiserin Maria Theresia wurde sofort thatsächlich, wenn auch nicht rechtlich, auf ganz gleiche Weise, wie durch die Verordnung des preußischen Königs Friedrich Wilhelm I. vom Jahre 1714, allen Hexenverfolgungen ein Ende gemacht, indem auch sie anordnete, daß alle derartigen Prozesse vor Erlaß eines Urtheiles ihr selbst zur Einsicht und Entschließung vorgelegt werden sollen. Diese Anordnung hat, wie sie in einer späteren Verordnung (1766) bemerkt,
„die heilsame Wirkung hervorgebracht, daß derlei Inquisitionen mit sorgfältigster Behutsamkeit abgeführet und in Unserer Regierung bisher kein wahrer Zauberer, Hexenmeister oder Hexe entdecket worden, sondern derlei Prozesse allemal auf eine boshafte Betrügerei oder eine Dummheit und

Wahnwitzigkeit des Inquisiten oder auf ein anderes Laster hinausgeloffen seyen."

In dieser Verordnung wurden inzwischen vor Beendigung des neuen Oesterreichischen Strafgesetzbuches die Bestimmungen über Zauberei publicirt. Dieselben sind als ein Zeichen des damaligen Standes des Hexenglaubens und der Strafrechts-Wissenschaft von großem Interesse, weshalb ihr wesentlicher Inhalt hier mitgetheilt werden soll:

„Gleichwie Wir nun gerechtest beeifert seynd, die Ehre Gottes nach allen Unseren Kräften aufrecht zu erhalten und dagegen Alles, was zu derselben Abbruch gereichet, besonders aber die Unternehmung zauberischer Handlungen auszurotten, so können Wir keinerdings gestatten, daß die Anschuldigung dieses Lasters aus eitlem altem Wahne, bloßer Besagung und leeren Argwöhnigkeiten wider Unsere Unterthanen was Peinliches vorgenommen werde; sondern Wir wollen, daß gegen Personen, die der Zauberei und Hexerei verdächtig werden, allemal aus rechtserheblichen Inzichten und überhaupt mit Grunde und rechtlichem Beweise verfahren werden solle, und hierinfalls hauptsächlich auf folgenden Unterschied das Augenmerk zu halten sey: ob die der bezichtigten Person zur Last gehenden den Anschein einer Zauberei oder Hexerei und dergleichen auf sich habenden Anmaßungen, Handlungen und Unternehmungen entweder

1. aus einer falschen Verstellung und Erdichtung und Betruge,
2. aus einer Melancholey, Verwirrung der Sinnen und Wahnwitz oder aus einer besonderen Krankheit herrühren, oder
3. ob eine Gottes und ihres Seelenheils vergessene Person, solcher Sachen, die auf ein Bündniß mit dem Teufel abzielen sich zwar ihres Ortes ernsthaft, jedoch ohne Erfolg und Wirkung unterzogen habe, oder ob endlichen
4. untrügliche Kennzeichen eines wahren, zauberischen von teuflischer Zuthuung herkommen sollenden Unwesens vorhanden zu seyn erachtet werden."

In Betreff dieser wahren Zauberei zu 4 wird bestimmt, daß dieselbe nur da angenommen werden solle,

„wo die Vermuthung Statt hat, daß eine erwiesene Unthat, welche nach dem Laufe der Natur von einem Menschen für sich selbst nicht hat bewerkstelligt werden können, mit bedungener Zuthuung und Beistand des Satans aus Verhängniß Gottes geschehen sey."

Durch diese Verordnung werden alle Hexenproben (Nadel-, Wasser-Probe) verboten und die Anwendung der Folter durch feste Normen geregelt, — nicht aber, wie schon 1740 in Preußen, völlig abgeschafft. — In Betreff der Strafen interessiren nur die Punkte zu 3 und 4. Für den nicht unter den Begriff der vollendeten Zauberei, sondern nur eines Zaubereiversuches fallenden Thatbestand zu 3 wird schärfste Leibesstrafe und nur, wenn Blasphemie oder sonstige Verbrechen concurriren, Todesstrafe, eventuell geschärft bis zur lebendigen Verbrennung, angedroht. Für den Fall der eigentlichen Zauberei zu 4 hingegen bestimmt die Kaiserin:

„so wollen Wir in einem so außerordentlichen Ereignisse Uns selbst über die Strafart eines dergleichen Uebelthäters ausdrücklich vorbehalten haben, zu welchem Ende obgeordnetermaßen der ganze Prozeß an Uns zu überreichen ist."

Es ist kaum zweifelhaft, daß eine solche unter den Fall zu 4 gehörige Untersuchung nunmehr in Oesterreich nicht weiter vorgekommen ist. Der Fortschritt, welcher sich in den Anordnungen Friedrich Wilhelm I. von Preußen und der Kaiserin Maria Theresia offenbart, war nicht in gleicher Weise im übrigen Deutschland zu verzeichnen. Selbst das Lübecker revidirte Stadtrecht von 1728 enthält noch einen Artikel, nach welchem Zauberer, „nach der Verbrechung Größe und gethanen Schaden" mit dem Feuer, Schwerte oder Staupen gestraft werden sollen. Insbesondere hatte Würzburg die traurige Mission übernommen, die Greuel der früher dort in großem Maßstabe betriebenen Hexenprozesse noch in einem berühmt gewordenen Prozesse vom Jahre 1749 von Neuem in Scene zu setzen. Daselbst wurde in dem genannten Jahre eine aus München gebürtige Nonne Renata, nachdem sie es durch das bei Allen erworbene Vertrauen bis zur Subpriorin des betreffenden Klosters gebracht hatte, im Alter von 69 Jahren wegen ihres Teufelsbündnisses, kraft dessen sie in die Leiber mehrerer Nonnen Teufel gebannt haben sollte, zum Feuertode verurtheilt, indeß durch die Gnade des Bischofs erst enthauptet und dann verbrannt. In der von einem Jesuitenpater bei der öffentlichen Verbrennung des Leichnams an das Volk gehaltenen Ansprache zieht derselbe gegen die Ungläubigen zu Felde,

„welche weder an Hexen, noch Zauberer, noch an Teufel, noch an Gott selbsten glauben. . . . Diese Ungläubige müssen aus dermaliger Begebenheit, wann sie nicht völlig vernunftlos seyn wollen, unwidersprechlich erkennen, daß auf der Welt seyn Hexen und Zauberer, mithin auch Teufel, von welchen sie ihre Künste erlernen;"

demnächst führt der Pater allen Gläubigen zu Gemüthe,

„wie nothwendig es sei, daß wir wider das zauberische Geschwader, welches größer ist, als wir uns etwan einbilden, täglich geistliche Waffen ergreifen,"

und daß jene boshaften Christen,

„welche durch ihre Punktirkunst, Zauberspiegel oder sonst abergläubische Händel das, was von dem freien Willen Gottes und derer Menschen allein abhängt, zu wissen beginnen, sollen ihre Augen öffnen; denn auch sie, obschon sie es nicht vermuthen, unter die Teufelszunft gehören und nach aller Schärfe seynd abzustrafen."

In Baiern erfolgte noch im Jahre 1754 die Hinrichtung eines dreizehnjährigen und 1756 eines vierzehnjährigen Mädchens, weil sie mit dem Teufel Umgang gehabt, Menschen behext und Wetter gemacht hatten. Noch im Jahre 1769 wurde bei den Kurbaierischen Landgerichten eine Instruktion „zum Malefiz-Inquisitions-Prozeß" eingeführt, welche durchweg die Grundsätze des Hexenhammers auffrischte und den criminalprozessualischen Standpunkt Carpzov's adoptirte. Kein Wunder, daß unter diesen Umständen noch im Jahre 1775 im Stift Kempten eine Hexe enthauptet wurde.

Noch später, nämlich im Jahre 1782, erfolgte in dem Schweizer Kanton Glarus die Enthauptung einer Dienstmagd, welche durch ihre Hexenkunst das Kind ihres Dienstherrn, eines Arztes (!) Tschudi, derart bezaubert haben sollte, daß es nach dem Genuß eines zur Bezauberung zubereiteten „Leckerli" Massen von Eisendraht, Eisennägeln und dergleichen ausgebrochen. hatte und achtzehn Wochen lang elend, zum Theil gelähmt und meist besinnungslos darniederlag und erst durch die „außerordentliche und unbegreifliche Kunstkraft" der Zauberin selbst in zwei Nächten wieder völlig hergestellt wurde.

Im Herzogthum Posen waren noch eben vor der Besitzergreifung durch Preußen im Jahre 1793 zwei Weiber als Hexen verbrannt worden, weil sie entzündete Augen hatten und das Vieh ihres Nachbars krank geworden war.

Wo die Strafgewalt in Betreff der Zauberei in den Händen der geistlichen Inquisition war, wie in Spanien, erhielten sich auch diese Verfolgungen am längsten; hier wurde noch 1781 eine Hexe wegen Teufelsbundes und Teufelsbuhlschaft verbrannt und noch 1804 erfolgten Seitens der Inquisition Einkerkerungen verschiedener Personen wegen Liebeszauberei und Wahrsagerei. Gegen die Philosophen der zweiten Hälfte des vorigen Jahrhunderts versuchte die Geistlichkeit in Frankreich wiederholt wegen Zauberei zu denunciren. Ja, die angebliche Heilkunst, welche die Diener der katholischen Kirche bei allen Krankheiten und insbesondere bei der Hexerei mit dem Exorcismus übten, ist auch noch lange nach dem letzten Europäischen Hexenbrande unverändert geblieben und noch heute nicht überall beseitigt. Die katholische Kirche rühmte sich nämlich von Alters her, mit ihren geistlichen Mitteln gegen alle Krankheiten, welche nach ihrer Lehre ja nicht von organischen Störungen des Körpers, sondern von dämonischen Einwirkungen herrührten, dem Gläubigen Heilung gewähren zu können. In den frühesten Zeiten fing man deshalb an, die Krankheiten mit allerlei geistlichen Mitteln (Besprechung durch Formeln, Besprengung mit Weihwasser, Handauflegen, Rosenkranz, Reliquien, Gotteslämmer, Amulete) anstatt mit Arzneien zu behandeln, und folgeweise befand sich die Ausübung der ärztlichen Kunst in den ersten christlichen Jahrhunderten bis tief in das Mittelalter hinein fast ausschließlich in den Händen des Clerus. Wenn Aussätzige, Blinde, Lahme, Taubstumme und Schwerkranke aller Art zu augenblicklicher Genesung gebracht wurden, indem der Geistliche durch fromme Sprüche und geweihte Mittel den Krankheitsdämon aus dem Leibe bannte, kann es da Wunder nehmen, wenn man der Zauberei selbst, bei welcher der Fürst der Dämonen als die wirkende Kraft angesehen wurde, mittels der Exorcismen zu Leibe ging? Daher kam es denn auch, daß diese geistlichen Mittel, vermittels deren der Kampf Gottes gegen den Teufel geführt wurde, später eine große Rolle in den Hexenprozessen spielten: um die Einwirkung des Teufels zu paralysiren, sollten die Richter allerlei geweihte Sachen bei sich tragen, zu gleichem Zweck wurden die Verhörzimmer, Folterkammern, die angeblichen Hexen selbst mit allerlei geweihten Mitteln behandelt, und dies galt namentlich dann, wie wir gesehen haben, für erforderlich, wenn die Tortur auf anscheinende Unempfindlichkeit des gemarterten Angeschuldigten stieß, weil dann der Teufel selbst gegenwärtig sein oder der Hexe irgend ein unentdecktes Zaubermittel gegeben haben mußte.

Diese Exorcismen, welche die Geistlichkeit schon viele Jahrhunderte vor Beginn der strafgerichtlichen Hexenverfolgungen übte, blieben auch noch lange, nachdem die fortgeschrittene Erkenntniß und Humanität diesen letztgedachten Auswuchs des mittelalterlichen Aberglaubens beseitigt hatte, unverändert in Uebung. In Baiern hatte noch unter Karl Theodor (1799) fast jedes Kloster seinen Hexenpater, welcher als Specialarzt gegen Zauberschäden mittels Gotteslämmern, geweihten Zauberzetteln u. dergl. prakticirte; nicht besser war es in Frankreich, wo noch im Jahre 1816 und in Freiburg und Luxemburg, wo noch in den Jahren 1841 und

1842 Jesuitenpater es unternahmen, Besessene zur Austreibung des Teufels zu exorcisiren und Anderen allerlei Mittel gegen Zauberschaden zu gewähren. Ja in der katholischen Republik M e x i c o wurden in den Jahren 1860 und 1874, wie bekannt geworden, fünf Hexen und noch 1877 an einem Tage wiederum fünf Hexen auf Grund gehörigen gerichtlichen Verfahrens verbrannt! —